D1666407

František Kafka
Der große Rabbi aus Prag —
Jehuda Löw

František Kafka

Der große Rabbi aus Prag - Jehuda Löw

Verlag Hans Obermayer
1988

Redaktion der deutschen Fassung: Franz Peter Künzel.

Copyright 1988 by Verlag Hans Obermayer GmbH, Buchloe.
Alle Rechte vorbehalten.
Gesamtherstellung durch die Druckerei Hans Obermayer GmbH,
Buchloe.
Gestaltung des Schutzumschlages: Herbert Wittal
ISBN 3-9800919-4-5

Für Judith

Inhalt

Vor fast hundertvierzig Jahren erschienen in Prag »Sippurim« —
Begebenheiten —, die einiges Erzählerische von dem berühmten Prager Rabbiner Jehuda Löw ben Bezalel enthielten.
Zur Gestalt dieses Rabbiners mit dem Ehrentitel *Maharal mi-Prag*
kehrt der Autor aus einigen Gründen zurück. Besonders Georg Langer, der Autor von »Neun Tore«, enthüllte damals mit der Überset-
zung des Löwschen Gedichtes »Siebenerlei Brunnen« eine unbekannte Seite des legendären Rabbiners. Außerdem waren die schönen
Sagen von der Prager Judenstadt, die sich schon der Seele des Kindes
einprägten, nun in neuer Form erstanden. Schließlich führte das un-
mittelbare Erkennen der östlichen, chassidischen Welt zum eingehen-
deren Studium der Quellen, besonders über den Einfluß der Kabbala
auf die Gedankenwelt des östlichen Judentums. Und daraus entstand
eines Tages die erste Erzählung. Weitere folgten, wie sie die Phantasie,
die Faktenkenntnis, die Motive und andere Anregungen mit sich
brachten. Aus der Vergangenheit hervorgehend, verschmolzen sie mit
wundersamen Zauber zu Legenden für die heutige Zeit.
Die historischen Elemente der Begebenheiten stützen sich auf si-
chere Quellen, bleiben jedoch in einer Weise, die in der Absicht des
Autors liegt, imaginär: als Brücke zum Leser und seiner Phantasie.

František Kafka

Die Hemdchen des Rabbi Löw

Das hier geschilderte Ereignis wurde in die berühmte Sammlung »Sippurim«, die bis zur Generation unserer Großväter die Großtaten und tiefschürfenden Gedanken des Hohen Rabbi Jehuda Löw ben Bezalel festhält, vielleicht gar nicht aufgenommen. Trotzdem will ich an der Glaubwürdigkeit des Geschehens nicht zweifeln, denn der Prager Schriftsteller Georg Langer, der in seinem Buch »Die neun Tore« auf so bewundernswerte Weise in das Halbdunkel der Welt des Chassidismus eindrang und von dort ein gerüttelt Maß alter Legenden über die Gestalt des Rabbi Löw mitbrachte, erzählte seinem Bruder František davon. Dieser Überlieferung muß ich glauben — auch wenn es nur eine mündliche ist. Hätte Georg Langer, der letzte in Prag hebräisch dichtende Schriftsteller, den Schleier über Rabbi Löws Sprache lüften und dort unermeßliche Reichtümer seines Gedankengutes heben dürfen, wenn Rabbi Löw — selbst über die Grenzen von Jahrhunderten hinweg ein machtvoller Kabbalist — es hätte verhindern wollen? Er wollte es sicher nicht, ganz im Gegenteil. Hier öffnete sich der Weg zu neuen Sippurim, zu weiteren Legenden von dem wunderwirkenden Sprachzauberer, von dem energischen Herrscher über die guten und unguten Seiten der Menschen im Prager Judenghetto der Renaissancezeit und von dem Kabbalisten, der die Kräfte des Bösen zu zügeln und die des Guten zu steuern verstand, so daß sie wirksam wurden zur Eroberung immer neuer Sphären, die gemäß der Kabbala die menschliche Seele in ihrem Ringen um das höchste Ziel — die Erlösung — veredeln!

So geschah es, daß der bloße Klang von fünf einfachen, nebelhaften Wörtern »Die Hemdchen des Rabbi Löw« ein Geschehen aus längst vergangenen Zeiten wie lebendig vor unserem geistigen Auge erstehen zu lassen vermochte.

Es war während der Regierungszeit Kaiser Rudolfs II. — das genaue Datum des Ereignisses wollen wir hier nicht bestimmen. Damals hatte das segensreiche Wirken des Hohen Rabbi Löw seinen Höhepunkt erreicht. Schon war es ihm gelungen, eine feste Ordnung in das Studium der Jugend zu bringen, die Satzungen der Prager Beerdigungsbrüderschaft neu zu gestalten und Kontakte mit einer ganzen Reihe bedeutender jüdischer Gemeinden im Ausland zu knüpfen. Sein Pri-

11

mat unter den Rabbinern der Prager Judenstadt war bereits unbestritten und wurde allgemein anerkannt.

Und nun zu dem Geschehen, das wir hier wiedergeben wollen. Zweifellos können wir darauf verzichten, dem Leser das Halbdunkel jener Zeiten vor Augen zu führen und ein Porträt des weisen Rabbi zu zeichnen, der dank seiner Kenntnis der Kabbala Probleme der Menschen im Ghetto zu lösen verstand, für die keiner der übrigen Rabbiner Prags eine Lösung wußte.

Aus dem nahe der Moldau gelegenen Zipfel des jüdischen Friedhofes, der erst vor kurzem von dem freigebigen Mordechaj Maisl zwecks Erweiterung der Begräbnisstätte hinzugekauft worden war und wo man eben erst begonnen hatte, Verstorbene zu beerdigen, hörte man in der Nacht geheimnisvolle Stimmen. Eigentlich waren es Stimmchen, zarte Stimmchen. So lautete das umgehende Gerücht, das diesmal nicht, wie in Dutzend anderen Fällen, von hitzigen, durch eine Neuigkeit leicht erregbaren Gemütern ersonnen worden war.

Diesmal lag die Sache anders. Es ging um Gewichtigeres, und es fehlte nicht an glaubwürdigen Beweisen. Hatte doch Feiwl ben Simon, der Totengräber des Friedhofes, selbst davon erzählt und geschworen, keinem Trugbild erlegen zu sein. Nicht einmal, sondern in drei aufeinanderfolgenden Nächten, stets zwischen Mitternacht und ein Uhr morgens, hatte er die klagenden Kinderstimmchen vernommen, und als er trotz seiner wahnsinnigen Angst schließlich den Mut aufbrachte, im Schein des Mondlichts über die Mauer des Beth Chajim zu schauen — was sah er da? Etwas, was ihm das Gehörte bestätigte: Auf drei Grabhügeln saßen drei nackte Kinder und baten um Hilfe, nicht mit Worten des täglichen Lebens, sondern der Heiligen Thora. Mehr wußte Feiwl ben Simon nicht zu sagen. Auf eindringliche Fragen, was für Hilfe die Kinder erbaten und was er ihren hebräischen Worten entnahm, konnte der verschreckte Totengräber keine Antwort geben, die zu einem Ziele geführt oder wenigstens etwas aufgeklärt hätte. Feiwl ben Simon war kein Schriftgelehrter, daher vermochte er nichts anderes zu sagen, als daß ihn die Stimmen der Kinder an die Gebete des Jom Kippur erinnerten und daß in ihnen weit mehr flehentliche Bitte und Klage als Dank und Lobpreisung lagen. So lautete sein schlichtes, aber eindeutiges Urteil. Mehr mochte und konnte er nicht sagen.

Wie sollte man den nächtlichen Klagen ein Ende bereiten, wie den unschuldigen toten Kindlein zur ungestörten Ruhe verhelfen? Die Eltern der Kinder und die Rabbiner jener Synagogen, die sie zu Lebzeiten ständig besucht hatten, verrichteten an den drei Gräbern Gebete für das Seelenheil der kleinen Verstorbenen. Aber die Fürbitten halfen nicht. Des Nachts erhoben sich weiterhin Klagen und kindliches Weinen, weiterhin hörte man abgerissene Worte eines hebräischen Gebetes, die nicht einmal der gelehrte und weise Rabbiner der nahegelegenen Pinkas-Schul, Samson ben Isaak, zu deuten wußte. Vergebens war er zusammen mit dem Totengräber nachts wach geblieben, um zu beobachten, was sich bei den drei Kindergräbern ereignete.

Der gelehrte Samson ben Isaak suchte Rabbi Löw auf und schilderte ihm, was er mit eigenen Augen gesehen hatte: »Die Kinder finden keine Ruhe, ihre Körperchen sind nackt, sie zittern vor Kälte und heben die Arme flehentlich zum Himmel. Dabei formen ihre Lippen Worte, hebräisch klingende Worte, deren Sinn ich nicht verstehe.«

Rabbi Jehuda ben Bezalel hörte ihn schweigend an. Dann sagte er: »Wir müssen ihren Seelen Ruhe und Frieden geben! Ich werde darüber nachdenken.«

Zunächst bat er den Vorsteher der Beerdigungsbrüderschaft um einen Bericht darüber, wer in den drei Kindergräbern beerdigt worden war. Der Bescheid ließ nicht lange auf sich warten. Laut den Eintragungen der Beerdigungsbrüderschaft waren die Gräber der drei Kinder vorläufig nicht näher bezeichnet. Begraben hatte man darin drei Kinder aus ganz armen Familien; zwei waren kurz nach der Geburt gestorben, eines noch vor Erreichen des ersten Lebensjahres. Die Eltern hatten nicht genügend Geld gehabt, um die Kindlein in weißen Sterbekitteln zur ewigen Ruhe zu betten, also hatte man die Körperchen in Windeln eingewickelt und so begraben.

»Und die Beerdigungsbrüderschaft?« fragte Rabbi Löw den Vorsteher.

»Wir sind vorgegangen wie üblich, haben die Toten gewaschen, die Totengebete verrichtet und die Bestattungskosten übernommen!«

»Aber ohne Sterbekittel!«

»Ja. Wir besaßen keine Kinderhemdchen, in die wir die Toten hätten hüllen können. Sonst machen doch die Familien immer die Kittel für ihre Verstorbenen selbst, aber diesmal...«

»Ich weiß schon. In diesen Familien gibt es viele Kinder, man brauchte die Hemdchen für die Lebenden, und die Toten mußten sich mit Windeln begnügen«, sagte Jehuda Löw ben Bezalel leise.

Ihm war bereits vieles klar. Jedes fromme Mitglied der Gemeinde bereitet schon bei der Hochzeit das Gewand vor, in dem er einst seine größte Reise antreten wird, seinen Sterbekittel. Wir sollen in einem Kittel vor den Herrn, unseren Schöpfer, treten, damit wir alle gleich sind. Niemand soll sich vor den anderen mit einem prächtigeren Sarg brüsten, mit einem prunkvolleren Grabstein oder mit Dingen, die man ihm als Zeichen seines Reichtums oder seiner Würde mit ins Grab geben möchte. Der Ewige wird beim Jüngsten Gericht über uns Recht sprechen und wird uns an unseren Taten, nicht aber an Zeichen des Reichtums und irdischer Würden messen. Doch nackt sollen wir beim Jüngsten Gericht nicht vor unserem Schöpfer stehen. Der Kittel ist ein blütenweißes, reines Gewand, schlicht und ohne Verzierung, unseres Leibes würdig.

Diese drei zarten Körper aber hatten keine Hemdchen ins Grab mitbekommen, in die sie sich hätten hüllen können, bis sie dereinst vor dem Throne des höchsten Gerichtsherrn standen. War das gerecht?

Deshalb also stiegen sie nachts aus ihren Gräbern und baten inständig um Hilfe. Diese Hilfe konnte lediglich von uns kommen, die wir die Erfüllung unserer Pflicht versäumt hatten! Die kleinen Toten mußten Kinderhemdchen erhalten!

Jehuda Löw ben Bezalel bat seine Tochter Dwojra, zusammen mit anderen Frauen sogleich drei Kinderkittel zu nähen.

Als die Frauen mit der Arbeit fertig waren, nahm er die Kittel und ging noch vor Sonnenuntergang zu den Gräbern der drei Kinder. Dort ließ er in jedem Grabhügel ein Hemdchen unter einer Schicht Erde begraben, aber so, daß ein Zipfelchen herausschaute. Dann sprach er für die drei Kinderseelen das Kaddischgebet zum Lob und Preis des Ewigen, des Schöpfers und Herrn der Welt.

In dieser Nacht war auf dem jüdischen Friedhof kein Weinen und Wehklagen zu hören.

Am nächsten Morgen suchte Jehuda Löw ben Bezalel den Friedhof erneut auf. Still und friedlich lagen die drei Kindergräber da, das Erdreich war glattgestrichen, und die blütenweißen, glänzenden Hemdzipfel ragten nicht mehr heraus.

»Ich hab diesen unschuldigen Kindern geholfen, damit sie bis zum Tage des Jüngsten Gerichts in Frieden ruhen können. Sie haben nicht lange genug gelebt, um der höheren und herrlicheren Welten teilhaftig zu werden, die der Mensch in seinem Leben dank eigener Läuterung erreichen kann, aber man darf ihnen nicht vorenthalten, worauf ein jeder von uns ein Anrecht hat. In den Hemdchen, die sie auf ihren Gräbern vorfanden, werden sie dereinst vor dem Allmächtigen stehen und von ihm gesehen werden!«

Das war jedoch nicht alles. Jehuda Löw ben Bezalel kannte die Lage der Prager Judenstadt, in der Erfolgreiche und Erfolglose, Reiche und Arme, Gesunde und Sieche lebten.

Und er kannte auch den Wunsch eines jeden, in seiner Truhe den Kittel bereitliegen zu haben, der bei seinem Scheiden von dieser Welt seine letzte Kleidung sein sollte.

Und deshalb hielt er beim nächsten Jom-Kippur-Gottesdienst in der Altneuschul eine Ansprache an die versammelten frommen Beter, in der er die Pflichten des Menschen gegenüber seinem Nächsten behandelte.

»Unter uns sind viele, die sich nur unter größten Schwierigkeiten einen Kittel für ihre Reise ins Jenseits verschaffen können. Der Augenblick jedoch, in dem ein jeder von uns diesen Kittel als sein herrlichstes Gewand anlegt, ist ein feierlicher Augenblick. Gestalten wir ihn noch feierlicher: Alle von euch, die über hinreichende Mittel verfügen, werden künftig nicht einen Kittel, sondern zwei Kittel nähen lassen. Der erste Kittel wird der Erhabenheit des Jüngsten Gerichts gewidmet sein, der zweite eurem Seelenfrieden. Den ersten Kittel spendet ihr unserer Beerdigungsbrüderschaft, damit sie darin die Toten einkleiden kann, die ihrer Armut wegen nicht imstande sind, sich selbst einen Kittel zu beschaffen. Im zweiten Sterbekittel werdet ihr selbst begraben!

Warum sollt ihr den ersten Sterbekittel der Erhabenheit des Jüngsten Gerichts opfern? Damit ihr nicht beschämt vor dem Throne des Allerhöchsten stehen müßt, weil ihr einen Kittel besitzt, während eure Brüder in der gleichen Blöße, in der sie geboren wurden, vor dem Auge des Ewigen erscheinen müssen. Damit ihr nicht wegen der

Blöße eurer Brüder, für die sie nicht verantwortlich gemacht werden können, beschämt dasteht, müßt ihr eure Herzen öffnen und Opfer bringen, keine allzugroßen, aber dennoch Opfer! Von diesem Augenblick an soll es zu meinen Lebzeiten in der Gemeinde die Regel sein, daß ein jeder, der über die nötigen Mittel verfügt, nicht einen, sondern zwei Sterbekittel nähen läßt. Einen für sich selbst und den zweiten zum höheren Ruhme Gottes.

Genauso soll es bei der Geburt eines Kindes gehalten werden. Die Kindsmutter wird das erste Hemdchen, das sie für ihr Neugeborenes vorbereitet, der Beerdigungsbrüderschaft spenden, als Kittelchen für ein unbekanntes Kind, das in Armut geboren wird, in Armut stirbt und ohne ein richtiges Totengewand begraben werden müßte. In unserer heiligen Gemeinde wird es von heute an keinen mehr geben, den man ohne Kittel bestatten, kein totes Kind, das man ohne Hemdchen zur ewigen Ruhe betten müßte! Amen!«

Das also ist die Geschichte von den Hemdchen des Hohen Rabbi Löw. Sie ist nach mündlicher Überlieferung wiedergegeben, deshalb möge der Leser ihre Schlichtheit und Ungenauigkeit verzeihen. Dem Erzähler ging es nicht darum, historisches Geschehen möglichst getreu aufzuzeichnen; er wollte vielmehr die geheimnisvolle Strömung veranschaulichen, diese Strömung des Guten, die der Seele Rabbi Löws immer wieder aufs neue entquoll und in seiner Zeit so markante Zeichen setzte.

Vater von vier Rabbinern

Ich habe dieser Welt vier Söhne großgezogen. Alle sind Rabbiner, alle sind Schützer und Bewahrer unseres tiefen, alten Glaubens — auch wenn ich den ältesten schon verloren habe.

Man schreibt das Jahr 5317 seit Erschaffung der Welt. Es ist das Jahr, in dem ich, Bezalel Löw ben Zwi, Schuhmacher in der Stadt Worms am Rhein, den Versuch wage, die Umrisse der vergangenen Jahre festzuhalten, die ich dank der Gnade des Allmächtigen in dieser Stadt verleben durfte. Heimisch war ich in ihren jüdischen Gäßchen, die von dem rasch pulsierenden Leben in den Gassen der Andersgläubigen durch Ketten und ein nur bei Tag offenes Tor getrennt sind.

Der Rhein, ein Strom mit so starkem Wellengang, daß ihn das Boot eines Ruderers ohne kräftige Arme nicht zu überqueren vermag, umspült die alte Stadt und spendet ihr Leben. Am Flußufer liegen die Werkstätten der Gerber, der Wollen- und Leinenweber. Hier stehen Brennereien, in die fleißige Winzer von den sonnigen Hängen entlang des Rheins bläulich schimmernde Weintrauben bringen. Hier werden geräumige Fähren mit Getreide beladen, das auf den Feldern rings um die reiche Stadt reift und in weniger fruchtbare Gegenden geliefert wird. Über den Rhein kommen aber seit Jahrhunderten immer wieder auch Unheil und Verderben. Immer wieder zogen hier brandschatzende Heere aus fernen Ländern durch, deren eroberungsdürstige Herrscher ihre Macht zeigen wollten.

Unweit der Stadtmauer, in der Judengasse, habe ich, heute schon ein Greis von sechsundsechzig Jahren, meine kleine Werkstatt. Ich wurde in dem Jahr geboren, in dem Kaiser Maximilian I. den Thron des Römischen Reiches bestieg, und ich habe eben seinen Enkel, Kaiser Karl V., überlebt. Er ist unlängst in einem spanischen Kloster in Estremadura gestorben. Jetzt regiert der Habsburger Ferdinand I.

Der Allmächtige schützt uns und unsere Kinder, er lenkt unsere Schritte, deren Ziel wir selbst nicht kennen.

Die jüdischen Gäßchen der Stadt Worms sind, verglichen mit den prächtigen Straßen und Häusern der Andersgläubigen, recht ärmlich. Und unser kleines Bethaus, das nur vom Ewigen Licht spärlich erhellt wird, wirkt richtig arm im Vergleich zum Wormser Dom, in dem die Andersgläubigen ihren Gott prunkvoll feiern. Die Kathedrale, wie sie ihr Bethaus nennen, ist etwa fünfmal so lang und dreimal so breit wie unsere Schul. Aber diese ist hundert Jahre älter; das wissen sogar die Andersgläubigen, denn die Gründung der Schul wird angeblich in den Pergamenten der Stadt erwähnt. Die Wormser Synagoge, vielleicht die älteste in deutschen Landen, stammt aus der Zeit um 4800 unserer Zeitrechnung, während der Dom erst hundert Jahre später erbaut wurde, im elften Jahrhundert nach der Zeitrechnung der Andersgläubigen. Er hat allerdings zwei Kuppeln und vier runde Türme, und zusätzlichen Glanz verleiht ihm die Tatsache, daß in seinen Mauern drei Königstöchter bestattet sind. Unsere Synagoge ist ein Gotteshaus, in das unsere Juden und Juden von auswärts zum Beten gehen. Nur die Prager Schul, die Altneuschul, an der mein jüngster Sohn, Jehuda Löw ben Bezalel, sein Studium abgeschlossen hat, ist ungefähr gleich alt und, wie man hört, ihr auch ähnlich. Gebe der Allmächtige, daß mein Jüngster, der doppelte Löwe und vierte Rabbi unserer Familie, der zur Zeit als Landesrabbiner von Mähren in Nikolsburg wirkt, dort dereinst dem Gottesdienst vorstehen möge...

Weder die Stadtpergamente noch die Chronik, in der die Andersgläubigen die Ereignisse in der freien Stadt Worms festhalten, schreiben über das Geschehen in unserer Gemeinde. In Worms am Rhein sollen sich der Sage nach Begebenheiten abgespielt haben, von denen die deutschen Andersgläubigen sogar in Versen erzählen. Der römische Feldherr Cäsar soll verbissen um Worms gekämpft haben. Später eroberte der Hunnenkönig Attila — die Andersgläubigen nennen ihn »die Geißel Gottes« — die Stadt und zerstörte sie völlig. Auch Kaiser Karl der Große, der Gründer des Römischen Reiches, weilte hier. Und in Worms, so berichten Eintragungen in der Stadtchronik, wurde der größte Machtkampf zwischen Papst und Kaiser geschlichtet. Ich führe das alles nur der Vollständigkeit halber an; die kurze Erwähnung des Vergangenen soll das ergänzen, woran ich selbst mich seit den ersten Tagen erinnere, als ich, damals noch ein Knabe, die Weisheiten der Thora zu lernen begann.

Nach langen Jahren nicht enden wollender Kämpfe, Fehden, Zusammenstöße und Verheerungen der Raubritter ist in Worms ein Landfrieden geschlossen worden, der auch uns sowie unseren Glaubensbrüdern westlich des Rheins und sogar östlich der Elbe zum Vorteil gereicht. Uns ist endlich mehr Sicherheit beschieden, wir werden unterwegs nicht länger unserer letzten Habe beraubt und getötet wie das Wild im Walde. Wir können jetzt in größerer Ruhe Vermittlerdiensten nachgehen und uns durch den Handel mit Ländern in Nord und Süd, in Ost und West weit gefahrloser, wenn auch bescheiden ernähren.

Ich, Bezalel Löw ben Zwi, Schuhmacher in der freien Stadt Worms und ergebener Diener des Allmächtigen, bin viel ruhiger, weil Freunde, die ich vor einem halben Jahr oder gar einem Jahr mit freundschaftlicher Umarmung verabschiedet habe, nun heil und gesund von ihren weiten Reisen nach Hause zurückkehren. Sie bringen mir für meine Arbeit aus dem Osten feines Juchtenleder mit, das die Gerber jenseits der Weichsel so vortrefflich herzustellen verstehen. Aus dem Westen — aus Südfrankreich oder von den Grenzen Spaniens — bekomme ich von ihnen feines Ziegenleder, reich mit Gold oder eingepreßten Arabesken verziert; diese Dekorationskunst haben die dort ansässigen Menschen von den Mauren erlernt und beherrschen sie ausgezeichnet.

Meine Freunde bringen aber auch Nachrichten über das Studium der Thora und Mischna mit, dem sich unsere Brüder in Prag und Posen, Lyon und Marseille, Genua und Amsterdam widmen. Und sie berichten über Kommentare, die unsere Gelehrten zum Nachlaß unserer Propheten verfassen, sowie über die Schriften kundiger Männer, die Werke des großen Denkers Maimonides und des Exegeten Raschi auslegen. Unlängst hörte man von einem Kompendium aus der Feder des berühmten Joseph Karo, das sehr bald gedruckt erscheinen und zu einem »Bereiteten Tisch« für jeden, der den Allmächtigen preist, werden soll. Gebe Gott, daß auch meine Söhne mit ihrer Arbeit ein Scherflein dazu beitragen, daß die Vorratskammer solch kostbarer Nahrung für unsere Augen, unser Herz und unsere Seele noch reicher gefüllt wird. Meine größte Hoffnung bei der Verteidigung und Mehrung des Glaubens unserer Väter ist mein jüngster Sohn, der doppelte Löwe, Jehuda Löw ben Bezalel!

Der Landfriede war bereits während der Herrschaft Kaiser Karls V. ein Schutz für die hier seßhaften und die durchreisenden Brüder. Nun ist der Kaiser gestorben, und der Ruf, in dem er bei seinem Tod stand, wird den früheren hochgespannten Erwartungen und Hoffnungen nicht gerecht. Die Andersgläubigen machen ihm den Vorwurf, er habe nach dreißigjähriger Herrschaft die öffentlichen Angelegenheiten in größerer Unordnung zurückgelassen, als er sie bei seiner Thronbesteigung vorgefunden hatte. Angeblich stand er dem Geist seiner Zeit verständnislos gegenüber. Großmütig war er bloß in vereinzelten Fällen, und ihm fehlte, so hört man, die Größe der Persönlichkeit, um Reich und Zeitgeist richtig zu beherrschen. Dabei war die Macht Karls V. wahrlich groß. Er hatte die halbe Welt geerbt, und in seinem Reiche ging die Sonne nicht unter! Als er das erste Mal nach Worms kam, um hier mit dem jungen Anprangerer der Mißstände in der Kirche der Andersgläubigen, dem späteren Reformator und Repräsentanten der papstfeindlichen Bewegung in diesem Lande, Martin Luther, zu disputieren, war Karl V. erst einundzwanzig Jahre alt. Er trat unter Einsatz seiner gesamten Machtmittel auf, gestützt überdies auf die Hausmacht seines Geschlechtes. Deshalb wurde Luther hier in Acht und Bann getan und war somit vogelfrei.

Wir, die wir in den jüdischen Gäßchen rings um das Bethaus wohnen, mußten den Wormser Ratsherren eine große Summe zu den Kosten des Reichstags beisteuern, aber an der Begrüßung des Kaisers durften wir nicht teilnehmen. Einige der Unseren sahen, hinter einer Dachluke gut versteckt, heimlich dem feierlichen, prunkvollen Einzug des Kaisers in die Stadt zu. In diesen Augenblicken des allgemeinen Jubels und Staunens ob der Pracht des kaiserlichen Hofes standen wir Juden abseits, elend und rechtlos. Als die Mächtigsten der deutschen Lande in Worms zusammenkamen, durften wir nichts als Schatten der Schatten sein.

Nicht nur ich, der einfache Schuhmacher Bezalel ben Zwi, sondern auch wegen ihres reichen Wissens hochgeschätzte Männer unserer Gemeinde sind außerstande, alle unterschiedlichen Lehrmeinungen zu erfassen, die heute die Geister der Andersgläubigen scheiden. Die einen blieben der ursprünglichen Lehre treu und werden von ihren Widersachern, die sich Protestanten nennen und zu Martin Luther stehen, als Papisten bezeichnet. Der Zwist ist nicht unsere Sache, obwohl er uns berührt, wie alles, was in diesem Lande rings um uns vorgeht. Drang nicht auch der Widerhall der Aufstände hungernder Bauern bis in unsere Wohnungen? Hörten wir nicht von den Untaten der Wiedertäufer in Münster, die schließlich einen zugewanderten Schneidergesellen namens Bockelssohn zu ihrem Gotte ausriefen, dem alle Sünden und Laster gestattet waren, derentwegen der Ewige einst Sodom und Gomorrha vom Erdboden hatte verschwinden lassen?

Wie die Meeresbrandung gegen die Ufer Sturm läuft, so schlagen auch die hochgehenden Wogen der Zeit gegen die festen Mauern unserer Häuser, vermögen sie jedoch nicht zu erschüttern. An den Fundamenten unseres Seins rüttelte aber in unseren Tagen ein Unhold aus unseren eigenen Reihen, der Abtrünnige Joel Dob, der mit dem neuen Glauben den Namen Josef Pfefferkorn annahm.

Die kleine Menscheninsel, auf der wir unser Leben fristen, umbrandet seit jeher von allen Seiten der Haß, die Rischut. Der Anprall der Rischut wird immer dann am mächtigsten, wenn ein Abtrünniger seine Kenntnisse mißbraucht, um unseren Gegnern im Kampfe gegen uns Beistand zu leisten. Hofft er vielleicht, daß er sich reinwaschen könne, wenn er versucht, seine jüdische Herkunft vergessen zu machen, und wenn er noch größeren Haß gegen uns aussät, indem er Unrat über Unrat auf den eigenen Stamm häuft?

Genau dies tat der Kölner Jeschiwa-Bocher Joel Dob, den die Andersgläubigen zum Verrat am Allmächtigen verleiteten. Er ließ sich von ihren Versprechungen einer glänzenden Zukunft verlocken, in der ihm sogar die Bischofsmitra oder die Abt-Würde winkten.

Joel Dob ließ sich taufen, wurde zum Priester geweiht und nahm, wie gesagt, den Namen Johannes Pfefferkorn an. Als seine Familie von seinem Abfall erfuhr, trauerte sie um den verlorenen Sohn und saß für ihn, wie für einen Verstorbenen, sieben Tage lang Schiwe. Aber für Joel Dob müßten wir alle sieben Jahre Schiwe sitzen wegen des Bösen, das er gegen uns im Schilde führte und auch unternahm. Er machte den Vorschlag, alles zu vernichten, was unsere besten Gelehrten, unsere größten hebräischen Denker, unsere glänzendsten Dichter, unsere scharfsinnigsten Rechtskundigen, unsere gebildetsten Ärzte und die weisesten Sachwalter öffentlicher Dinge aus unseren Reihen gemeinsam mit den berühmtesten Dienern des Allmächtigen im Laufe von Jahrhunderten durchdacht und aufgeschrieben hatten. Johannes Pfefferkorn empfahl den Priestern der Andersgläubigen, uns lediglich die Thora zu lassen. Nicht als Fundament unserer Glaubenslehre, sondern als einzige Quelle.

21

Wie man einst zum unermeßlichen Schaden für unsere Bildung die Werke des großen Maimonides verbrannte, so wollte man jetzt sogar den Talmud und andere unserer von Lebensweisheit erfüllten Bücher verbrennen. Auch aus Italien kam die Nachricht, daß unsere Glaubensgenossen gezwungen worden waren, die wertvollsten Schriften, die nach den fünf Büchern Mosis entstanden waren, den Flammen zu übergeben. Deshalb sei das Andenken eines Mannes gepriesen, der nicht im Hause Jakobs geboren wurde, das Andenken eines Andersgläubigen, der bestrebt war, unser Schrifttum kennenzulernen, zu seinem Kern vorzudringen und ihn zu erfassen. Entschlossen verteidigte er die geistigen Schätze unseres Schrifttums gegen jene, die auf Pfefferkorns Betreiben ihre völlige Vernichtung forderten.

Es ist nicht meine Sache, als schlichter Wormser Schuhmacher ausführlich zu schildern, wie der schwere Kampf verlief, den Johannes Reuchlin für uns führte, dieser große Gelehrte aus der Reihe jener, bei denen der Abtrünnige Joel Dob noch größeren Haß gegen uns schüren wollte. Was ich jedoch über Reuchlins persönliche Größe erfahren habe, will ich beschreiben.

Reuchlin war fast zwei Generationen älter als ich. Mehr als vierzig Jahre ruhen seine sterblichen Überreste nun schon in der Erde; mein Jüngster, Jehuda, zählte gerade ein Jahr, als sich die Nachricht von Reuchlins Tod verbreitete. Weil aber Männer die Früchte ihres Geistes erst in der Zeit der Reife spenden, wie ein Baum erst im Herbst Früchte trägt, konnte ich in meinen jungen Jahren ab und an erkunden, was uns die Feder des alten Reuchlin Neues beschert hatte und womit die Buchdrucker den Reichtum menschlicher Kultur zu unserem Vorteil mehren würden. Wie ich aus dem Munde unseres weisen Jeschiwa-Vorstehers Saul ben Aron weiß, galt fast das ganze Streben Reuchlins der Verteidigung unseres geistigen Reichtums und unserer Bildung gegen eine Meute fanatischer Priester, die auf Betreiben des verabscheuenswürdigen Abtrünnigen Johannes Pfefferkorn unser Schrifttum mit Ausnahme der fünf Bücher Mosis vernichten wollten.

Der weise Lehrer der Wormser hohen Talmudschule verfolgte Reuchlins Beginnen und erfuhr Dinge, die ein gewöhnlicher Schuhmacher am Marktplatz der Stadt nicht so leicht zu hören bekommt: Gegen unsere Bücher zog nicht nur der Kreis um den Abtrünnigen zu Felde, sondern sie waren auch dem Angriff aller einflußreichen

Priester Kölns ausgesetzt, die wiederum von berühmten Professoren der Universitäten Paris, Löwen, Erfurt und Mainz unterstützt wurden. Schließlich siegten die gelehrten Argumente Reuchlins, aber bis dahin war es ein weiter Weg. Der Kampf wurde mit äußerster Heftigkeit geführt, jede Partei feuerte auf das gegnerische Lager spitze Wortpfeile ab, die bisweilen sogar die Fundamente von Klöstern und Bistümern erzittern ließen. Im Hintergrund des Meinungsstreites stand der Dominikanerorden, eine der mächtigsten Säulen des papsttreuen Glaubens.

Reuchlin war nach und nach in den Streit hineingezogen worden. Zunächst hatte er sich nur voll Bewunderung den Geheimnissen der Kabbala zugewandt. Wie er selbst andeutete und wie Saul ben Aron uns anvertraute, den einfachen Schuhmachern, Gerbern und Webern der Wormser Gemeinde, die kaum freie Zeit für das Studium der Quellen haben, wollte Reuchlin mit Hilfe der Kabbala und seines beim Studium jüdischer Schriften erlangten Wissens von Symbol zu Symbol und von Form zu Form bis zum Letzten vordringen, das im Reich des Geistigen regiert, bis dorthin, wo sich die menschliche Beweglichkeit der göttlichen Unbeweglichkeit nähert. Seine Arbeit betitelte Reuchlin »Über die Kunst der Kabbala«.

Der Gelehrte hatte schon davor ein Werk veröffentlicht, zu dem viele unserer thorabeflissenen, sprachgewandten Glaubensgenossen aus Köln, Worms, Mainz und anderen heiligen Gemeinden Erklärungen mancher sprachlich schwieriger hebräischer Textstellen oder schwer verständlicher Gesetzesvorschriften beigesteuert hatten.

Ist es verwunderlich, daß Reuchlin, als er die Sprache unserer Gebete studierte, auch die Geheimnisse der Kabbala sowie den Zahlenwert der Buchstaben, aus denen man die Welt zusammensetzen und erklären kann, kennenlernen wollte und kennenlernte?

Johannes Reuchlin blieb im Kampfe um die Rettung der Quellen unserer Bildung nicht allein, viele gebildete Zeitgenossen unterstützen ihn.

In einem Buch, das dem Vernehmen nach den Titel »Dunkelmännerbriefe« trägt, sind auch Briefe unserer Rabbiner abgedruckt. Sie sollen die Argumente unserer Verteidiger erhärten oder die Ausführungen unserer Widersacher widerlegen und sind unter den gelehrtesten Männern schon eine Reihe von Jahren als Seltenheit im

Umlauf. Darin enthüllen Reuchlins Freunde die tatsächlichen und vermeintlichen Irrtümer ihrer Widersacher, vor allem aber ihren beschränkten Verstand, der eng zusammenhängt mit Hochmut, Dünkel, Eitelkeit, Starrsinn, Kleinlichkeit, Vorliebe für Intrigen, Klatschsucht, Großsprecherei, Mangel an Bildung und an Streben nach Höherem. Letzteres sollte denn doch das Tun eines Priesters oder eines wirklich gebildeten Menschen begleiten — wenigstens fordert dies Schlomo ben Uriel, der jetzige Leiter der hiesigen hohen Talmudschule. Die Briefe zeigen also Reuchlins Gegner und unsere Hasser als grobschlächtig im Denken, Reden und Handeln. Es ist eine Besonderheit unserer Zeit, daß unsere Gegner vor dem Leser der »Dunkelmännerbriefe« gleichsam am Pranger der Lächerlichkeit stehen, denn trotz ihrer Vermummung werden sie in diesen Briefen durch scharfsinnige Satire nach Verdienst mit all ihren Schwächen entlarvt und als Menschen bloßgestellt, die in ihrer Unbildung kostbare Werke unserer vieltausendjährigen Kultur vernichten wollen.

Reuchlin und seinen Freunden gelang die Rettung dieser wertvollen Werke. Dafür gebührt ihnen, die schon längst den ewigen Schlaf schlafen, unser Dank!

Ich habe mein Leben in Arbeit und in Ehrfurcht vor dem Allmächtigen verbracht. Mir war es vergönnt, gemeinsam mit meiner Frau Rachel vier Söhne großzuziehen und sie zu Dienern des Allmächtigen heranwachsen zu sehen. Unser Geschlechsname Löw bedeutet Löwenkampfesmut in seinem Dienst. Und mein Name Bezalel besagt, daß ich in seinem Schatten lebe. Die Jahre, in denen meine Rachel die Söhne gebar, waren für uns eine Zeit drohender Gefahren. Alles um uns war in solcher Bewegung, als ob wir unsere alten Tage überhaupt nicht erleben sollten. Mehr als ein Jahrtausend hatte uns der Haß der Andersgläubigen verfolgt, weil wir den vermeintlichen Messias ans Kreuz genagelt und hingerichtet hatten. Jetzt waren uns in den Anhängern Martin Luthers neue Hasser erwachsen, die uns auch deshalb verfolgten, weil wir in unserem Streben, das tägliche Brot zu verdienen, angeblich zu viele Fähigkeiten entwickeln, zu geschickt sind und daher ihre Existenz gefährden, sei es in den Zünften oder anderswo.

Nirgends im Lande hatten wir einen ruhigen Platz, eine Bleibe. In dieser Zeit der Bedrängnis wählte ich für meine Söhne Namen, die auch ein Symbol für Stärke sein sollten.

24

Meinem Ältesten seligen Andenkens, er verstarb vor acht Jahren in Stuttgart als Oberrabbiner, gab ich bei der Beschneidung den Namen Benjamin, was Wolf bedeutet. Der zweite Sohn erhielt den Namen Dob, was Bär bedeutet. Er besuchte die hohe Talmudschule in Köln. Heute wirkt er dort als Rabbiner. Der dritte Sohn bekam den Namen Josef, was Stier bedeutet. Er studierte in der Talmudschule zu Mainz, und dort wurde er auch zum Rabbiner gewählt.

Der jüngste meiner Söhne, Jehuda Löw ben Bezalel, der doppelte Löwe, begann seine Studien in Worms und setzte sie in der Prager Talmudschule fort. Er ist der gescheiteste und weiseste meiner Söhne. Jetzt lebt er in Nikolsburg und ist Landesrabbiner von Mähren. Der Ruf seiner Weisheit und seines frommen Eifers, mit denen er die Angelegenheiten der Glaubensbrüder und Glaubensschwestern regelt, dringt bis hierher. Ein Amt in Prag, wo er seine rabbinischen Studien beendete, hat er noch nicht erlangt.

Als bei Jehudas Beschneidung, Brith Milah, der Vertrag mit dem Allmächtigen geschlossen wurde, wie ihn einst Abraham bei der Opferung Isaaks schloß, zitierte Saul ben Aron aus dem Talmud: »So wie die ganze Welt Gottes voll ist, so ist der ganze Körper der Seele voll; so wie Gott sehend aber unsichtbar ist, so ist auch die Seele sehend aber unsichtbar; so wie Gott der Ernährer der Welt ist, so ist die Seele die Ernährerin des Leibes; so lauter wie Gott, so lauter ist auch die Seele; so wie Gott seinen Sitz zutiefst im Inneren hat, so hat auch die Seele zutiefst im Inneren ihren Sitz: möge das, was diese fünf Eigenschaften besitzt, den, der diese Eigenschaften besitzt, preisen!«

Die Beschneidung meines Sohnes Jehuda fand statt, kurz nachdem sich Kaiser Karl V. in Worms mit dem Priester Martin Luther traf und beide haßerfüllt voneinander schieden. Seit damals nehmen im Land die Wirren überhand. Bisher bewirkten sie keine wesentliche Änderung unseres Schicksals, aber nur deshalb, weil die gegnerischen Parteien, die Papsttreuen und die Lutheraner, ihre Kräfte im Kampfe verzetteln und sich nicht gegen uns wenden können. Nach Ansicht des weisen Saul ben Aron, der dank seiner Klugheit in den Kern von bedeutenden Problemen einzudringen vermag, unterstützten die deutschen Herren Luther gegen den Papst nicht etwa, weil die von

Luther geforderte moralische Besserung der Priester ihr Hauptanliegen gewesen wäre, sondern weil sie die Herrschaft über die Kirche der Andersgläubigen anstrebten. So konnten sie auch ihre eigene Macht vergrößern. Sie eigneten sich Kirchenbesitz an und verkündeten den Grundsatz: Wer regiert, bestimmt das Glaubensbekenntnis seiner Untertanen.

Die auf Reichstagen verkündeten kaiserlichen Verbote blieben ebenso wirkungslos wie die päpstliche Bulle: Luthers Neuerungen wurden in vielen deutschen Landen und freien Städten eingeführt, und in Marburg errichteten die Lutherischen sogar eine eigene Universität.

Schließlich griffen die Kontrahenten zu den Waffen; das Ringen endete mit dem Sieg des Kaisers. Doch Karl V. konnte seinen Erfolg nicht nutzen, weil sich in der Folge die deutschen Herren neuerlich gegen ihn wandten, mit der Behauptung, er unterdrücke die Glaubensfreiheit. Vor etwa vier Jahren kam es in Augsburg zu einer Einigung, aber niemand kann sagen, wie lange dieser sogenannte Frieden Bestand haben wird. Es heißt, der Kaiser sei damals mit den herrschenden Verhältnissen so unzufrieden gewesen, daß er auf den Thron verzichtete und die Regierung seinem Nachfolger übergab.

Während in der Welt der Andersgläubigen der Kampf weitergeht, haben wir in unserem Herzen den wahren und einzigen Glauben an den bewahrt, dessen Name nicht ausgesprochen werden darf und dessen unendliche Weisheit wir Tag für Tag kennenlernen dürfen. Wir blieben und bleiben dem uns anvertrauten Erbe unserer Vorväter treu. Wir sind bescheiden, zurückhaltend und tun Werke der Barmherzigkeit, eine Pflicht, von der niemand aus dem Hause Jakobs losgesprochen werden kann.

»Unser Ja sei gerecht und gerecht sei auch unser Nein, was bedeutet, daß wir nicht anders mit dem Mund und nicht anders mit dem Herzen sprechen sollen.« Wenn ich die Worte dieser Auslegung im Talmud hier anführe, so tue ich es, um mir ins Gedächtnis zurückzurufen, daß mein jüngster Sohn Jehuda, als er an der hohen Talmudschule studierte, sie zu seinem Leitsatz fürs Leben wählte.

Mein ältester Sohn Benjamin, was Wolf bedeutet, wählte für sein Leben als Leitspruch die im Talmud aufgezeichneten Worte:

»Gott benützt das Wort Wahrheit als Siegelring.« So hat mein Sohn Benjamin gelebt, so ist er gestorben. Unsere Stuttgarter Brüder haben diese Worte auf seinen Grabstein setzen lassen.

Mein zweiter Sohn Dob, was Bär bedeutet, wählte andere Worte aus dem Weisheitsschatze des Talmuds: »An drei Dingen kannst Du das Wesen eines Menschen erkennen: Du erkennst es an seinem Becher, an seinem Geldbeutel und an seinem Zorn.« Dob ist nüchtern, sammelt außer Büchern keinerlei Besitz und beherrscht seinen Zorn. Deshalb ist er als Rabbiner in Köln am Rhein so beliebt.

Mein dritter Sohn Josef — Sinnbild seines Namens ist ein stattlicher Stier — liebt seit seinen jungen Jahren die Talmud-Sätze: »Sei stets mit den Verfolgten und nicht mit den Verfolgern! Gibt es doch unter den Vögeln keinen, der so sehr verfolgt wäre wie der Tauber und die Turteltauben, und trotzdem gibt ihnen die Schrift das Recht, auf dem Altar des Ewigen Opfertiere zu sein.« Josefs Haus in Mainz wurde zu einer wahren Zufluchtsstätte der Verfolgten und Elenden. So soll ein Rabbiner leben, ein Vorbild für seine Gemeinde!

Alle meine vier Söhne sind gebildet und weise, aber nur der jüngste, Jehuda, ein doppelter Löwe, wird das übernommene Wissen unserer Vorfahren auch bereichern. Schon seit seiner Jugend befaßt er sich ständig mit dem Studium der Quellen unserer Glaubenslehre. Er arbeitet gelehrte Werke aus und schreibt sie nieder, um sie dann der Öffentlichkeit zu übergeben.

Jehuda war seit jeher ein Grübler, scharfsinnig und arbeitsam. »Sagt nicht Rabbi Simon, daß die Welt auf drei Dingen ruhe, der Wahrheit, der Gerechtigkeit und dem Frieden?« wiederholte Jehuda oft in der Zeit, als er dank seines reichen Wissens bereits über die reifen Männer herausragte und sich anschickte nach Prag zu gehen, um dort aus den Quellen der Weisheit noch umfassenderes Wissen zu schöpfen und weitere Auslegungen und Deutungen von Problemen des Talmuds kennenzulernen.

Jehuda Löw ben Bezalel, der Löwe des Löwen, erfaßte nicht nur die Grundwahrheiten des Gesetzes und der Lehre, sondern verstand es auch, die Gedanken der Kabbala über die Erschaffung der Welt und ihr stetes Wachstum zur Vollkommenheit weiterzuentwickeln.

Zum Motto seiner Lebenshaltung wählte er das Weistum des palästinensischen Talmuds: »Wir haben gelernt: wer nachstehende Taten setzt, genießt ihre Zinsen auf dieser Welt, aber ihr Fundament ist auf jener Welt gelegen; es sind dies Ehrfurcht vor Vater und Mutter, Werke der Barmherzigkeit, pünktlicher Besuch des Gotteshauses am Morgen und am Abend, Sorge um Gäste, Pflege von Kranken, Bewillkommnung von Bräuten, letztes Geleite Verstorbener, Innigkeit des Gebetes, Versöhnung von Menschen mit ihren Nächsten, des Gatten mit seiner Gattin, aber allen geht das Studium des Gesetzes vor.«

In der Wahl und im Inhalt dieser Worte ist der ganze Jehuda Löw ben Bezalel, mein jüngster Sohn, beschlossen. Seine Weisheit dringt schon jetzt über die Grenzen des Landes, in dem er als gebildeter, strenger und wachsamer Hüter des Glaubens wirkt. Wandte er sich nicht wegen eines gründlicheren Studiums des Gesetzes und seiner Auslegung an die Jugend? Verfaßte er nicht feste Satzungen für das Gemeindeleben? Spricht er nicht in allen strittigen Fragen, die das Leben der Gemeinschaft mit sich bringt, als weiser Schiedsrichter Recht?

Deshalb glaube ich fest daran, daß Jehuda Löw ben Bezalel ein Werk hinterlassen wird, mit dem er das übernommene Erbe bereichern wird.

Ich fühle, daß das Buch meines Lebens seinem Ende zugeht. Darum schreibe ich diese ungekünstelten Erinnerungen nieder. Ich habe hier in schlichter Weise das eingefangen, was in meiner Erinnerung haften blieb, als etwas, das mir in meinem Leben und in der Zeit, in der zu leben mir vergönnt war, wesentlich schien. Nie hab ich mich meinen Mitmenschen gegenüber überheblich benommen, nicht einmal in jenen Tagen, als der Stolz auf meine vier Söhne, die vier Rabbiner, hätte zu Recht meine Brust schwellen dürfen. Mittels ihrer Namen gab ich ihnen Kraft zu kämpfen, aber zu ihr gesellte sich auch die Weisheit, die das Studium des Gesetzes und der Lehre verleiht. Darin hat mich nicht ein einziger meiner Söhne enttäuscht.

Es sei mir erlaubt, die Worte des Talmuds ins Gedächtnis zu rufen: »Rabbi Josef, Sohn des Rabbi Jehoschuah, erkrankte. Er lag bereits im Sterben, als er wieder zu sich kam. Da fragte ihn sein Vater: ›Was hast Du geseh'n?‹ Er antwortete: ›Ich sah eine verkehrte Welt. Die, die hier obenauf sind, sind dort unten, und diejenigen, die hier unten sind,

sind dort obenauf.‹ Und er sprach zu ihm: ›Mein Sohn, du hast die richtige Welt gesehen.‹«

Möge es mir in dieser Welt, dieser richtigen Welt, vergönnt sein, auf dem richtigen Platz zu stehen!

Wird in Zukunft jemand des schlichten Dieners des Allmächtigen, des Wormser Schuhmachers Bezalel Löw ben Zwi gedenken? Wird das Werk eines meiner Söhne der Nachwelt auch meinen Namen erhalten?

Der strahlende Davidstern

Der Monat Mai ging allmählich zu Ende. Im nahen Wien regierte seit fast zehn Jahren der weise, tolerante Kaiser Maximilian II. Er hatte zwar den kämpferischen Jesuitenorden nach Olmütz und dann nach Brünn berufen, dennoch lebten in Mähren, wo Rabbi Jehuda Löw schon das einundzwanzigste Jahr die Oberaufsicht über die jüdischen Lehrhäuser innehatte, alle christlichen Konfessionen in Eintracht, und deshalb ging es auch den Juden im großen und ganzen nicht schlecht. In dem von fruchtbarem Ackerland und Weingärten umgebenen Nikolsburg am Fuße der Pollauer Berge, wo der mährische Landesrabbiner mit seiner Familie seinen Wohnsitz hatte, konnte sich sogar eine Wiedertäufersekte behaupten, weil die Liechtensteiner, die Feudalherren von Nikolsburg, in religiösen Dingen mehr als tolerant waren. Die Wiedertäufer waren von ihrem Führer, dem Geistlichen Balthasar Hubmaier, aus dem schweizerischen Waldshut hierher gebracht worden. Drei Jahre später, 1528, bezahlte Hubmaier sein Wagnis, auch in Wien seine Lehre zu verkünden, mit dem Leben. Die Wiener Bürger ergriffen und verbrannten ihn.

Dies alles hatte sich eine Generation vor Jehuda Löws Amtsantritt in Mähren abgespielt; der Landesrabbiner erfuhr es von älteren Mitgliedern seiner Gemeinde. Die Sekte der Wiedertäufer hatte fast die ganze Stadt für ihre Lehre gewonnen und dort sogar eine eigene Druckerei errichtet. Fast die ganze Stadt? Ja, mit Ausnahme des jüdischen Drittels der Bevölkerung. Die Juden hatten in unwandelbarer Treue an der Lehre Mosis festgehalten und sich nicht um die Unterschiede gekümmert, derentwegen sich die Priester der Böhmischen Brüder sowie der papistischen und der lutherischen Richtung heftig stritten.

Inzwischen aber sind vierzehn Jahre vergangen, seit die Liechtensteiner Nikolsburg verlassen haben, und wie verlautet bewirbt sich das papsttreue Geschlecht der Dietrichstein beim Kaiser um die Herrschaft Nikolsburg. Angeblich will der Kaiser mit diesem reichsunmittelbaren Lehen die Dietrichstein in Nikolsburg persönlich belehnen. Rabbi Jehuda Löw war nie mit Kaiser Maximilian II. zusammengekommen. Es heißt, daß der Kaiser in seiner Jugend im Banne neuer Ideen gestanden war, die seine Papsttreue fast erschüttert hätten; aber schließlich blieb er doch dem Glauben treu, den die Habsburger vor langer Zeit angenommen hatten.

Die Türken setzten dem Kaiser in Ungarn hart zu, genau wie vor dem Ferdinand I. Aber der weise Maximilian zog es vor, dem türkischen Sultan Tribut zu zahlen, statt ständig Krieg zu führen. Er verlor lieber ein Stück Ungarns, als mit seinem Heer ununterbrochen in Feldlagern zu liegen. Nach dem Verlust von Szigeth kämpfte er nicht weiter gegen die Türken. Die kaiserlichen Kassen waren leer, und das ist der Hauptgrund für die Beendigung des Krieges gegen die Türken. Und das ist auch der Grund, warum der Habsburgerhof neue Einnahmequellen sucht. Jetzt kommen auch die zu Ehren, die sogar unter schwierigsten Verhältnissen etwas Geld zu sparen verstanden, das sie nun dem Kaiser leihen können. Rabbi Löw kannte in Brünn und in Olmütz Dutzende jüdischer Menschen, die in ihren Truhen kaiserliche Schuldverschreibungen aufbewahrten; diese lauteten allerdings nicht auf so hohe Summen, wie die einstigen schlesischen Weber und heute geadelten Fugger in Augsburg sie einige Zeit früher Kaiser Karl V. zu beschaffen wußten. Wird je ein wohlhabender Glaubensbruder nach einem Adelstitel Verlangen tragen? Rabbi Löw ben Bezalel kannte in seiner Generation niemanden, aber die Jugend ist unternehmungslustiger, begehrlicher, kühner und ehrgeiziger. Wer kann also wissen?

Jehuda Löw war nun vierundfünfzig, und die Jahre hatten ihm bisher nichts anhaben können; er war nach wie vor ein stattlicher Mann. Seine um zwei Jahre jüngere, aus der Familie der Rabbiner Haskara stammende Frau Perla aber kränkelte schon ein paar Monate und mußte deshalb die Sorge um den Haushalt ihrer Tochter Debora — Dwojra nannte man sie im Familienkreise — überlassen. Der Landesrabbiner und seine Frau lebten mit Dwojra, ihrem Mann Isaak und zwei Enkeln im gemeinsamen Haushalt; sie bewohnten ein einstöckiges Nikolsburger Haus.

Der Frühling des Jahres 1574 war sonnig und warm, die Weingärten auf den Pollauer Höhen grünten und spiegelten den Glanz des Firmaments ins Städtchen hinunter. Dort lebte man in engen, übervölkerten Gäßchen, rings um das prächtige Schloß. Jehuda Löw soll Nikolsburg nun endgültig verlassen. Wie oft war er schon aus der Stadt fortgefahren, um in seiner Funktion als Landesrabbiner von Mähren die

Glaubensgenossen im nahen Znaim sowie im fernen Iglau, Meseritz und Boskowitz aufzusuchen, im Lehrhaus von Butschowitz und in der Talmudschule von Gaya den Unterricht zu inspizieren und schließlich bei den Glaubensbrüdern und Glaubensschwestern in Olmütz nach dem Rechten zu sehen. Einen Monat fast dauerte eine solche Rundreise. Überall wurde er voll Hochachtung empfangen, stets war er Gast im Hause des Synagogenvorstehers oder einer anderen angesehenen Familie der Gemeinde. Am meisten Zeit verwandte er auf die Aufsicht über die Schulen, wo den Menschen die Quellen der Erkenntnis zugänglich gemacht wurden. Es waren junge Menschen und solche im besten Mannesalter, manche hochgebildet und geschult, andere wieder mit nur oberflächlichem Wissen oder Teilkenntnissen. Er bemühte sich, ihr Interesse zu vertiefen und das Schriftwort so auszulegen, daß es auch diese Landmenschen mitriß. Er bereitete seine Ausführungen stets sorgfältig vor, wählte einen Thoraabschnitt, der ihnen im Hinblick auf ihre Beschäftigung, auf die Jahreszeit oder die Ereignisse in der Umwelt besonders nahe war. Lebten sie inmitten fruchtbaren Ackerlandes, wählte er ein Thema aus der Zeit der jüdischen Siedlung im Lande der Väter, wo »Milch und Honig flossen«. Mußten die Glaubensgenossen gegen Widerwärtigkeiten und Feindseligkeit ankämpfen, erinnerte er an die siegreichen Kämpfe gegen die Moabiter und Amoniter oder an den Heroismus der Makkabäer. Er legte die Schrift aus, hob Wichtiges hervor, erläuterte Zusammenhänge, pflanzte tiefe Gleichnisse in ihre Herzen ein und erreichte sein Ziel so gut wie immer. Kam er nach einigen Monaten wieder in eine solche kleine Gemeinde, die oft nur aus einer einzigen Judengasse mit dem Bethaus als Mittelpunkt bestand, begegnete er bereits größerem Interesse und konnte bei den Gemeindeangehörigen umfassendere Kenntnisse und größeren Lerneifer verzeichnen. Dann war er zufrieden: seine Arbeit war nicht vergebens gewesen, die Saat seiner Worte hatte eine gute Ernte erbracht. Seine ersten Schüler sind inzwischen, nach einundzwanzig Jahren, schon reife Männer, Familienväter oder gar Großväter. Doch nach ihnen wächst bereits die Generation der Söhne und oft sogar der Enkel heran. Und jede Generation liest immer wieder von neuem die Thora, um sich von den poetischen Erzählungen der Lehre bezaubern zu lassen.

Nunmehr aber nimmt der Landesrabbiner endgültig Abschied von Mähren. Ihn erwartet Arbeit in Böhmen, sicherlich Arbeit von noch größerer Bedeutung, aber auch weit schwieriger. Prag war stets ein brodelnder Kessel neuer Gedanken gewesen, und das galt erst recht in der herrschenden Zeit weltweiter Wirrnisse und Umbrüche. Diese hatten schon in Löws jungen Jahren, eigentlich noch früher, ihren Anfang genommen, und sie werden irgendwann enden — bloß, wer weiß, wann? Rabbi Jehuda Löw wird ihr Ende bestimmt nicht erleben, selbst wenn er hundert Jahre alt werden sollte. »Ein verrücktes Jahrhundert!« hatte einmal ein kluger Christ zu ihm gesagt. Dieser Andersgläubige, der sich von Löw über das Volk der Bibel belehren lassen wollte, war ein ehemaliger papistischer Priester, der sich sehr spät den Wiedertäufern angeschlossen hatte und ihren Spuren bis nach Nikolsburg gefolgt war. Wohin war er wohl gegangen, als die Liechtensteinsche Schirmherrschaft geendet und der Schatten der papsttreuen Dietrichstein das klare Firmament über der Stadt getrübt hatte? Wo war er zugrunde gegangen?

Jener Priester hatte ihm die ganze Geschichte der Wiedertäufer erzählt, von der er schon als junger Mensch in seiner Geburtsstadt Worms viel gehört hatte. Sie waren, so hieß es, alle vom neuen Glauben des jungen Luthers ausgegangen. Gerade Luther war es dann gewesen, der ihnen, als sich in Süddeutschland zahlreiche begeisterte Wiedertäufersekten zu bilden begannen, als erster den Kampf ansagte. Luther selbst, in Worms in Acht und Bann getan und für vogelfrei erklärt, beherrschte mit seinen Gedanken zur Reform, zur Beseitigung von Mißständen in der Kirche etwas später die bisher papsttreuen Lande.

Jehuda Löw redete nie über die Christen und ihre Priester. Wie hätte er auch das Wesen ihrer Glaubensstreitigkeiten begreifen sollen, wenn er schon sein ganzes Leben brauchte, um den Kern der eigenen Religion zu erfassen? Eines wußte er jedoch, ohne es aber je auszusprechen: Die Meinungsunterschiede und die Konfessionsvielfalt waren durch Unklarheit bei der Beurteilung des Grundlegenden bedingt, zum Beispiel daß der Messias bisher nicht gekommen war, daß man seines Kommens geduldig harren müsse und daß er aus dem Elend der Verbannung geboren werde, um der Zerstreuung seines auserwählten Volkes ein Ende zu bereiten und alle dem Jüngsten Gericht zuzuführen.

Sämtliche Wege kehren zum Ausgangspunkt zurück, und der Kreis schließt sich. Im Augenblick des Todes kehrt der Mensch zum Augenblick seiner Geburt zurück. Auch diese Irrenden wanken in der geschlossenen Welt ihrer Irrtümer im Kreise. Sie vernichten einander gegenseitig: In Münster mußte sich der papistische Bischof mit lutherischen Fürsten zusammentun, um der Schreckensherrschaft der Wiedertäufer, die einen zugewanderten Schneider zum göttlichen Haupt ihrer Kirche gemacht und die Stadt in eine wahre Hölle verwandelt hatten, ein Ende bereiten zu können. An manchen Orten bekriegen die Päpstlichen und die Lutherischen einander und anderswo verbünden sie sich, um gemeinsam gegen die Pikarden vorzugehen, die weder die eine noch die andere Konfession annehmen wollen. Wer soll sich da noch auskennen? Mögen sie selbst Ordnung in das bringen, was sie glauben wollen. Dies ist nicht Löws Sorge und wird es nie sein. Ihm hat der, dessen Name nicht ausgesprochen werden darf, eine höhere Aufgabe zugeteilt: die Kenntnis jener Glaubenslehre zu vertiefen und zu verbreiten, die keinerlei Irrtümern unterliegt, weil sie sich mit der Ordnung der Erde und der Menschen, mit der Welt der Sterne, der Berge und Meere zu einem geschlossenen Ganzen fügt. Es ist der Glaube eines auserwählten Volkes, der sich auf die Thora und ihre Auslegung stützt.

Der mährische Landesrabbiner hatte schon am Vorabend angeordnet, daß man im Morgengrauen, gleich nach dem Morgengebet, von Nikolsburg wegfahren werde. Die Umgebung von Nikolsburg war in der Nacht ziemlich unsicher, es fehlte hier schon lange der Lehensherr, der die Ordnung aufrechterhalten hätte. Menschen verschwanden manchmal spurlos in den Wäldern; man hörte von Gewaltanwendung gegen Frauen, die von der Arbeit in den Weingärten heimkehrten. Nach Sonnenuntergang zu reisen war nicht ratsam. Das Fehlen der Obrigkeit machte sich überall bemerkbar. Die Sicherheit, die geherrscht hatte, als der junge Jehuda Löw ben Bezalel nach Nikolsburg gekommen war, bestand nicht mehr.

Kaum zeigten sich hinter den Pollauer Bergen über Nikolsburg die ersten Sonnenstrahlen, vertiefte sich Jehuda Löw in das morgendliche Dankgebet zum Ewigen. Dann stieg er mit dem festen Schritt eines rüstigen Vierundfünfzigjährigen die Treppe hinunter zu dem geräumigen Wagen, der seit dem Vorabend voll bepackt in der Tordurchfahrt bereitstand. Seine kranke Frau lag bereits im Wagen, auf Kissen gestützt. Der Landesrabbiner ließ seine Tochter Dwojra mit den Enkelkindern einsteigen, bedeutete mit einer Kopfbewegung seinem Schwiegersohn Reb Isaak, die Zügel zu ergreifen, schwang sich dann gewandt auf den Wagen und nahm neben ihm auf dem Kutschbock Platz.

Also erneut übersiedeln! Von Jugend an immer wieder das gleiche Bild, manchmal beklemmend, wenn man sie vertrieben hatte, manchmal erfreulicher, wenn sie hatten freiwillig gehen können und nicht von den Bürgern einer freien Stadt zum Gehen gezwungen oder gar durch königlichen oder kaiserlichen Befehl des Landes verwiesen worden waren.

In diesem Jahrhundert haben die Glaubensgenossen nicht viel Ruhe gefunden. Schon seit den Kinderjahren Löws hat sich das Leben zu einem ständigen Wandern von Ort zu Ort gewandelt. Wohin sind wohl die geschickten, seit den Tagen der Maurenherrschaft in feinster Verarbeitung von Häuten bewanderten Gerber gelangt, die in Worms am Rheinufer gearbeitet und ihre Erfahrungen von Geschlecht auf Geschlecht übertragen haben? Wo sind heute die Wormser Weber jenes Feintuchs, das den Adeligen auf den bedeutsamsten Versammlungen des Reichstages und auch den städtischen Honoratioren auf ihren Bällen zur Zierde gereicht hat? Wo sind die kunstreichen Schneider und die gewandten Schuhmacher, all jene, die plötzlich die Unsicherheit ihrer Existenz gespürt und entweder die Stadt freiwillig in Richtung Osten verlassen haben oder später, nachdem ein Ausweisungsbefehl ergangen war, gezwungenermaßen mit dem großen Flüchtlingsstrom?

Reb Isaak ließ die Pferde in der Ebene im Schritt gehen. Er wollte sie schonen, hatten sie doch eine drei oder vielleicht sogar vier Tage dauernde Fahrt nach Prag vor sich. Falls kein unvorhergesehenes Hindernis auftrat, ein schmerzender Huf, ein verlorenes Hufeisen, eine gebrochene Radspeiche, konnten sie Iglau noch vor Einbruch der Dunkelheit erreichen. Dort erwartete sie das gastliche Haus des frommen Synagogenvorstehers der königlichen Stadt, Mordechaj ben Efraim. Am nächsten Tag wollten sie in der königlichen Stadt Kuttenberg übernachten. Und falls alles gutging, gelangten sie am Abend des dritten Tages nach Prag, in die Hauptstadt des Königreiches Böhmen. In den königlichen Städten durfte sich das Volk Rabbi Löws am sichersten fühlen, denn es gehörte mit Leib und Gut der königlichen Kammer, und deshalb genossen die Juden hier als königliche Kammerknechte auch Schutz.

Auf Jehuda Löw ben Bezalel wartete in Prag die bedeutsame Stelle des Oberrabbiners, ein Amt, das sich nur mit der Position so hervorragender Rabbiner wie zum Beispiel des Frankfurter Rabbis oder des Landesrabbiners von Polen in Posen vergleichen ließe, ein weit wichtigeres Amt als jenes der Landesrabbiner in Österreich oder Sachsen. Jehuda Löw wußte, daß viel Arbeit seiner harrte, hauptsächlich auf dem Gebiete der Jugenderziehung, auf die er sich seit den ersten Jahren seines Wirkens konzentrierte. In ihr erblickte er das Rückgrat künftiger Generationen, die ebenso fest und sicher im Glauben verankert waren wie er, Jehuda Löw, selbst.

Während der Wagen durch die im Sonnenglast brütende Landschaft rollte und bewaldete Hügel, üppiges Grün, Felder mit niedrigem Korn oder Hafer und fruchtbare Wiesen mit Herden von Schafen oder Rindern hinter sich ließ, dachte Rabbi Löw immer wieder über den Absatz nach, den er als Grundthema für seine feierliche Antrittspredigt als Oberrabbiner in der Altneuschul gewählt hatte.

An der Stelle derer, die in Buße zurückkehrten, können nicht einmal die Frömmsten stehen.

Löws Enkelkinder hockten schon etwas müde auf den wollenen Decken, die Dwojra vorsorglich über die Pakete und Ranzen im Wagen gebreitet hatte; seine Frau Perla schlief; Reb Isaak beobachtete schweigend die beiden Pferde, wie sie mit mächtigen Hinterteilen das Gewicht von einem Fuß auf den anderen verlagerten und allmählich die Steigung der Straße bewältigten. Jehuda Löw durchdachte Wort für Wort die Sätze des Gleichnisses, das er für seine Antrittsrede gewählt hatte.

Eigentlich ist nach oberflächlicher Auslegung auch er einer von denen, die zurückkehrten. Hat er doch in Prag, eben in der Altneuschul, die ersten gründlicheren Erkenntnisse gesammelt, bevor er Prag verließ, um in der hohen Talmudschule in Posen zu studieren! Wird man ihm deshalb nicht vorwerfen, daß er von sich selbst spricht

36

und sich mit der Wahl dieses Absatzes nach den Worten des Gesetzes einen Platz vor den Frömmsten der Gemeinde sichern will? Wird sich nicht ein eifersüchtiger Rabbiner, dessen Blick sehnsüchtig, aber vergebens auf die Stelle des Oberrabbiners gerichtet war, gegen ihn wenden?

Keineswegs. Es gibt in den fünf Bücher Mosis keinen Satz, der nicht im Zusammenhang mit dem übrigen zu verstehen wäre — und gerade die Worte »An der Stelle derer, die in Buße zurückkehrten…« zeigen dies eindeutig auf. Wie anders sollte man sie auslegen als mit: »die umkehrten zu Gott«, »die umkehrten in die Gemeinschaft der Gläubigen« oder so ähnlich? Folglich ist der ganze Zusammenhang klar und das von ihm gewählte Gleichnis durchaus am Platze! An der Stelle derer, die in Buße umkehrten, also zurückkehrten in die Gemeinschaft der Gläubigen, auch wenn sie inzwischen ungläubig gewesen waren, können nicht einmal die Frömmsten stehen.

So ist es gedacht — nur so kann dieses Gleichnis ausgelegt werden… Denen, die den Glauben verloren und dann wiedergefunden, gebührt der Vorrang von denen, die nie wankend geworden sind, die nicht um ihre Überzeugung, ihren Glauben, ihre Hoffnung auf die Gerechtigkeit des Ewigen zu ringen brauchten. Die Zurückgekehrten werden nicht nur nicht verdammt werden, sondern müssen um ihres Ringens willen, um der verlorenen Sicherheit ihrer Hoffnungen willen sogar allen anderen vorangestellt werden — einzig und allein darin liegt der wahre Sinn dieser Worte.

Die Zahl der Abtrünnigen ist nicht groß, aber es gibt welche. Der Druck der Umwelt ist manchmal sehr stark und die Herzen sind zu schwach, um nicht zu unterliegen. Nur wer imstande ist, der Todesangst mit Verachtung zu begegnen, vermag fest zu bleiben. Aber soll der verdammt sein, der schwankend geworden und, obwohl eine Zeitlang abtrünnig, zu dem einzigen Gott zurückgekehrt ist?

Gibt es unter uns denn nicht viele, deren Herzen trotz ihrer Lippenbekenntnisse taub sind?

Es gibt auch solche, die glauben, aber nicht begreifen, weil ihre Augen — das Tor des Verstandes — für die Worte des Glaubens ewig blind bleiben. Um die geht es jedoch in dem Gleichnis nicht. Die werden nie wankend werden, weil ihnen nicht gegeben ist zu zweifeln

— und eigentlich zweifelt jeder, der auch nur ein wenig nachdenkt...
Wer sich aber von neuem zu inbrünstigem Glauben durchringt, gewinnt die Achtung aller, und ihm gebührt darum der Vorrang vor dem Frömmsten. Jehuda Löw schloß den Kreis seiner grüblerischen Gedanken, seine Rede war in seinem Geist vorbereitet.

Auf Dwojras Wunsch lenkte Reb Isaak bei einer Wiese das Gespann an den Straßenrand. Dwojra breitete im Gras auf einer reinen Leinwand Essen für die ganze Familie aus. Aus einem Gefäß, das in einem Korbgeflecht steckte, schenkte sie dem Vater und dem Gatten je einen Becher funkelnden Nikolsburger Weines ein; er stammte von den Pollauer Bergen und kam aus der Weinpresse des frommen Jon ben Avrum. Gestern, vor der Abreise, hatte er ihn als Aufmerksamkeit für den Weg ins Haus des Landesrabbiners gebracht.

»Aufs Leben!« sagte Rabbi Löw, und sein Schwiegersohn erwiderte den Trinkspruch. Der Wein war gut gekühlt und von zarter Herbheit. Er spülte den Reisestaub hinunter, und die Augen der beiden Männer strahlten, weil die Müdigkeit plötzlich von ihnen abgefallen war. Dwojra hatte dünne Schnitten Kalbsbrust vorbereitet und Weißbrotscheiben mit junger Zwiebel und jungem Knoblauch belegt. Sie aßen gemächlich und mit Appetit. Die Kinder und ihre Mutter ließen sich ein süßes, weiches Barches munden, das die gute Hausfrau Dwojra als Wegzehrung für die dreitägige Reise gebacken hatte. Zum Schluß durften die Enkelkinder sogar von dem kühlen, goldfarbenen Rebensaft nippen. Nun verköstigte die Tochter auch die im Wagen liegende Mutter, doch sie rührte das Essen kaum an und nahm von dem Wein nur einen einzigen Schluck. Das Gefährt setzte sich wieder in Bewegung. Die Pferde waren nicht müde. Also würde man am Abend Iglau erreichen.

Als vor Löws Augen erneut die Bewegung der Pferdeschenkel mit der Gewichtsverlagerung von links nach rechts und rechts nach links einsetzte, diese Bewegung, dank der die steinige Straße Stück für Stück unter dem Wagen verschwand, wandten sich die Gedanken des Rabbis wieder dem Thema seiner Antrittsrede vor der Prager Gemeinde zu: »An der Stelle jener, die in Buße zurückkehrten, können nicht einmal die Frömmsten stehen...«
Abtrünnige.

38

Sind es die spanischen Marranen, die während des Wütens der Inquisition zum päpstlichen Glauben übertraten, heimlich aber dem angestammten Glauben ihrer Väter treu blieben? Sind sie Abtrünnige, weil sie nicht standhaft genug waren, um selbst den Verlust des eigenen Lebens nicht zu fürchten? Wird sie der ewige, der strenge, aber gerechte Richter verdammen? Jehuda Löw und viele hochgebildete, im Gesetz und in der Lehre bewanderte Männer, mit denen er darüber gesprochen hatte, verurteilten die Marranen nicht. Ihr Handeln ließ vielleicht Standhaftigkeit und Mut vermissen, aber gehörte nicht schon ein gerüttelt Maß Standhaftigkeit und Mut dazu, wenigstens heimlich dem, dessen Namen nicht ausgesprochen werden darf, die Treue zu halten? Drohte ihnen doch der Feuertod, wenn es herauskam!

Das allerdings war nicht der Hauptpunkt bei der Beurteilung ihrer Abtrünnigkeit; entscheidend war, daß sie in redlicher Absicht gehandelt hatten, daß ihre Handlungsweise frei war vom bösen Trieb. Solchen Abtrünnigen, Marranen, die vielleicht sogar mit einer Bischofsmitra kamen, ihre Verkleidung ablegten und öffentlich dem einzigen Gotte die Treue gelobten, mußten auch die Allerfrömmsten den Vorrang einräumen.

Nie und nimmer jedoch konnte jemand gesegnet sein, der in böser Absicht übertrat: um einen Vorteil, ein Vermögen oder eine Position in der Gesellschaft der Feinde des auserwählten Volkes zu erringen. Ein solcher hat das Gesetz des Ewigen verletzt, und ewig wird auch seine Rache sein.

Ist nicht unser aller Tun und Lassen, auch das der Besten und Gerechtesten, lediglich die Summe guter wie böser Taten? Der Ewige verdammt nicht das Böse, er läßt uns nur erkennen, worin das Gute höher steht und größer ist. Das Böse ist gleichsam nur das Maß, mit dem man die Größe des Guten und die Weisheit des Bejahenden mißt. Deshalb ist auch die Geschichte des auserwählten Volkes mit beiden durchsetzt: Positivem und Negativem.

Jehuda Löw ben Bezalel, müde von der ganztägigen Fahrt, lehnte sich auf dem Kutschbock des geräumigen Wagens an die Schulter seines Schwiegersohnes Isaak und schlief ein.

Er träumte, daß eine unbekannte Macht ihn von der Erdenschwere befreie, emporhebe und unterhalb des Wolkenmeeres schweben lasse.

Es dunkelte rasch, hie und da brannte hinter den Fensterscheiben eines Bauernhauses am Wegrand schon fahl und flackernd ein Kienspan. Finsternis breitete sich über der Landschaft aus, durch welche die Straße bergauf nach Iglau führte. Jehuda Löw träumte, daß ihn Schwingen trügen, und wandte sich deshalb um: Er erblickte zwei Engelsgestalten, die ihm folgten und nach vorn zeigten. Mit einemmal erstrahlte vor ihm in hellem Glanz ein Stern. Je näher er dem Stern kam, desto deutlicher erkannte Jehuda Löw seine regelmäßige Form, die aus zwei übereinanderliegenden gleichseitigen Dreiecken bestand: *Der Stern Davids!*

Aber er zeichnete sich so ab, wie Löw ihn bisher noch nie gesehen hatte! Das Feld des einen Dreiecks war lauter Lichterglanz, das des zweiten Finsternis. Beide flimmerten in seltsamen Figuren. Das helle Dreieck gemahnte ihn an das Spiel von Demanten im Abenddämmerschein oder an das Bild eines Wasserspiegels, auf dem die Wellen in Tausenden von ständig wechselnden Pünktchen die Sonnenstrahlen reflektieren, so daß der ganze Wasserspiegel in stetem Wechsel erglänzt und sich zu einem Bild des reflektierten Lichtes wandelt. Und das zweite Dreieck war wie eine finstere Nacht voller seltsamer Schatten. Nur an ihren Silhouetten waren die Figuren, die selbst in Dunkel gehüllt blieben, in dieser erlöschenden Dämmerung, diesem merkwürdigen dunklen Schattenspiel zu erkennen.

Jehuda Löw erblickte die Bilder des ersten Dreiecks: Adams Erwachen an der Seite Evas, Isaaks Opferung, Jakobs Ringen mit dem Engel, Josefs Wiedersehen mit seinen Brüdern, Moses beim brennenden Dornbusch, Davids Salbung zum König und sein Gesang zur Harfe, den Bau von Salomons Tempel und den Kampf der Makkabäer.

Und das Schattenspiel des zweiten Dreiecks zeigte in dunklen Zügen die Gegenpole dieser schicksalhaften Ereignisse: Die Vertreibung aus dem Garten Eden, die Tötung Abels, den Untergang von Sodom und Gomorrha, den Verkauf Josefs in die Sklaverei, den Tanz um das Goldene Kalb, das Weib des Urias im Königspalast, die Zerstörung von Salomons Tempel, den Beginn der ewigen Wanderung.

Und Jehuda Löw ben Bezalel war sich auch im Traum bewußt, daß die Vision des strahlenden Davidsternes ihren Sinn hatte. Der Ewige zeigte ihm alles, was für das Leben des auserwählten Volkes wesentlich gewesen war. Ihm ist nicht beschieden, nur den Weg des Guten zu gehen, es muß notwendigerweise auch das Böse durchmachen und aus dem Kampf zwischen Gut und Böse, falls es sich für den Weg des Bejahenden entscheidet, als Sieger hervorgehen. Weil das Gute stets über das Böse siegt, wird mit dem Kommen des Messias auch die Hölle der Diaspora ein Ende haben.

Nach einer Weile erwachte Jehuda Löw, durch den Schlummer gestärkt. Am Horizont hoben sich vom dunklen Himmel die hochragenden Türme der Iglauer Hauptkirche ab. In einigen Minuten würden sie die Stadt erreicht haben. Dort würden ihm die Hausväter angesehener Familien entgegenkommen, um den bisherigen Landesrabbiner auf dem Boden der mährischen Stadt Iglau willkommen zu heißen, ihn gleich auch zu verabschieden und ihm Masel und Broche, Glück und Segen, für den weiteren Weg nach Böhmen zu wünschen.

Rabbi Jehuda Löw ben Bezalel senkte den Kopf, um leise mit inbrünstigen Worten dem, dessen Name nicht ausgesprochen werden darf, für die Weisheit des Traumes zu danken.

Der Gelehrte und eine Frau

Das Mädchen Rebekka Krása, ein Töchterchen des frommen Gerbers Jicchak Krása und seiner Frau Esther, kam in der Judenstadt Prags in jener Nacht zur Welt, die für das Königreich Böhmen unvergeßlich werden sollte: in der Nacht des 2. Juni 1541. Damals wurden der größte Teil der Prager Kleinseite und der Burgstadt Hradschin sowie die Burg selbst von einer Feuersbrunst ergriffen, die derartige Schäden anrichtete, daß bei deren Beseitigung auch viele Einwohner der Judenstadt Arbeit fanden. Diese Feuersbrunst vernichtete, so ist in den Geschichtsquellen verzeichnet, »die große Gerichtsstube auf der Burg, auch beide Türen, die in die Keller mit den Landtafeln führten, und auch die Zimmer, die oberhalb des Kellers gelegen waren, in dem die Landtafeln aufbewahrt wurden. Als es brannte, vermuteten viele, daß von hier Funken in die Keller zu den Landtafeln geflogen seien und sie in Brand gesetzt hätten; aber von wo auch immer die Flammen dort eindrangen, fest steht, daß die Landtafeln verbrannten, und auch Gelder, die bei den Tafeln deponiert waren, litten Schaden...« Den Verlust der Landtafeln mit sämtlichen Eintragungen über den unbeweglichen Besitz und über alle gegenseitigen Rechte betrachtete das Königreich als den größten, als eigentlich unersetzlichen Schaden.

Rebekka Krása, der liebliche Säugling mit den himmelblauen Augen, ahnte nichts von der furchtbaren Katastrophe, die ihre Geburt begleitet hatte. Schwätzer, die sich mit überflüssigen und nichtigen Dingen befaßten — solche gab es auch in der Judenstadt nicht wenige —, redeten über das neugeborene Töchterchen des Gerbers aus dem Eckhause am Moldaufluß und behaupteten, daß die kleine Rebekka zum Gedenken an die schreckliche Feuersbrunst ein Mal im Gesicht oder am Körper trage. Aber die rosige Haut des Kindes war ohne Fehl. Das Mädchen schaute fröhlich und sorglos zur niedrigen Decke der Gerberwohnung, und beim Anblick des schönen Kindes vergaßen Jicchak und Esther Krása sowohl die Schreckensnacht, in der es geboren worden und Jicchak Krása über die Karlsbrücke auf die Kleinseite geeilt war, um bei dem Löschen zu helfen, als auch das Gerede und die hämischen Bemerkungen, die ihnen nicht unbekannt geblieben waren. Auf dem rundlichen Körperchen des kleinen Mädchens war nirgendwo auch nur der geringste dunkle Fleck, weder ein Muttermal noch gar ein Feuermal. Wie in Mandelmilch gebadet, so rein kam Rebekka Krása auf diese Welt. Und die Eltern, immer aufs neue erfreut über den Anblick des Säuglings, arbeiteten mit Lust und Liebe, damit für Rebekka und ihre drei älteren Geschwister stets hinreichend Brot und für den Sabbatfeiertag auch etwas Besseres zum Essen im Hause sei.

Der Gerber Jicchak Krása war in der ganzen Judenstadt nicht nur wegen seines Fleißes und seiner Freigebigkeit bekannt, sondern nicht minder als Mann, der sich mit religiösen Schriften befaßte und die Gebote der Thora hielt. Auf den Rat des Elieser Aschkenasi, dieses würdigen Leiters der Talmudstudien, hatte Jicchak Krása den aus Worms stammenden jungen Talmudschüler Jehuda Löw ben Bezalel zur Teilnahme am Festmahl zu Ehren der Kindesmutter und des neugeborenen Kindes eingeladen. Der talmudbeflissene Student war erst einundzwanzig Jahre alt. Rabbi Elieser Aschkenasi diskutierte mit ihm oft stundenlang in der Talmud-Lehranstalt über den Sinn so mancher Fragen der Lehre, und der scharfsinnige Student wußte stets die richtige oder wenigstens eine annehmbare Antwort. Schon damals galt er als der beste Schüler, und manche sahen in ihm hellsichtig auch den künftigen Leiter der Studien. Jehuda Löw ben Bezalel saß nächtelang über dem Kommentar des Raschi zu den fünf Büchern Mosis und machte sich Anmerkungen zum Text. Er wuchs zu einem wahren Kenner von Thora und Talmud heran und gewiß begann in seinem Geiste schon in diesen Stunden allmählich das Werk zu reifen, das ihn später noch Jahrzehnte beschäftigen sollte. Er dachte an alles, er hielt die Gebote der Thora ein, war fest und streng gegen sich selbst und in diesen Dingen nur anderen gegenüber etwas nachsichtiger. Jehuda Löw ben Bezalel nahm die Einladung Jicchak Krásas an — eine Ablehnung wäre einer Beleidigung des frommen und gebildeten Gerbers gleichgekommen.

Auf Aufforderung des Hausherrn stand Jehuda Löw ben Bezalel, der hochgewachsene, schlanke und kräftige Schüler auf und sprach eine Segnung über das kürzlich geborene Menschlein:»Möge Rebekka Krása gegeben sein, das zu sein, wozu sie der Allmächtige bestimmt hat. Ihre Anwesenheit wird zwar niemals einem Minjan hinzugerechnet werden, denn das Gebet in der Synagoge ist Sache der

Männer. Sie wird die Worte der gelehrten Männer beim Vortrag in der Synagoge nur in der Frauenabteilung hören dürfen. Aber dennoch wird Rebekka im Leben ihre ureigenste Aufgabe erfüllen, ihre Hauptaufgabe, die von Eva bis zu Sara, der Frau unseres Stammvaters Abraham, und weiter bis zu Rebekka, der Gattin unseres Patriarchen Jakob, jüdische Frauen erfüllten, um unser Geschlecht zu erhalten. Möge sie Söhne und Töchter gebären und sie lehren, alle Gebote der Thora überall, daheim wie im Gotteshause, zu beachten!«

In späteren Jahren — Rabbi Jehuda Löw ben Bezalel hatte inzwischen seine Talmudstudien in der Posener hohen Talmudschule fortgesetzt — begegnete er in den ungepflasterten, krummwinkligen Gäßchen der Prager Judenstadt noch oft dem Vater oder der Mutter und dem sie stets begleitenden kleinen Mädchen, dem Mädchen mit den himmelblauen Augen und dem Antlitz, das an eine in einen kostbaren Edelstein geschnittene wunderschöne Kamee erinnerte, jenem Kinde, über das er nach dessen Geburt Worte des Segens gesprochen hatte. Tatsächlich war Rebekka gesegnet. Während die Jahre kamen und gingen und ihr Verstand sich entwickelte, lernte sie von ihren Brüdern, welche die Schule besuchten, so manches hebräische Wort, keineswegs systematisch und mit fleißigem Bemühen, dennoch aufgeschlossen und wissend. Sie war stets gepflegt und auf ihr Äußeres genauso bedacht wie auf Sauberkeit im elterlichen Hause und in der Werkstatt des Vaters. Dieser hatte bereits begonnen, seinem ältesten Sohne sein praktisches Wissen über das Gerbereihandwerk zu übermitteln, um sich zurückziehen und sich ausschließlich den Texten der Thora und des Talmuds widmen zu können.

Zum letztenmal sah Rabbi Jehuda Löw ben Bezalel das anmutige Mädchen, als der Gerber Jicchak Krása mit Frau und Kind kam, um den Rabbi zu verabschieden, der im Begriffe war, Prag zu verlassen, um die Funktion des Landesrabbiners von Mähren zu übernehmen.

Die liebliche Rebekka Krása überreichte dem Gelehrten, der erst vor kurzem geheiratet hatte, als Geschenk der Familie Krása eine Ledermappe mit einem heraldischen Löwen, die zum Aufbewahren von Handschriften gedacht war.

»Rivka entwickelt sich zu einer schönen Braut«, sagte der Rabbi, dem schlanken Mädchen zulächelnd. Rebekka, rasch wachsend, war abgemagert, aber ihr Gesicht, in dem die klugen Augen wie von

Heißhunger nach dem Leben loderten, hatte seine reizvolle Rundung nicht verloren.

»Bevor Rebekka Braut wird«, entgegnete der Gerber Reb Jicchak, »werdet Ihr längst wieder aus Mähren in Prag zurück sein. Ich würde mir wünschen, Rabbi Löw, daß Ihr sie unter der Chuppe segnet, wie Ihr die Segnung sprachet, als sie geboren wurde.« Rabbi Löw gab keine Antwort. Es lag völlig im Ratschluß des Allmächtigen, wohin ihn seine Schritte in den nächsten Jahren führen würden. Mit fester Hand strich er über Rebekkas feines Blondhaar, und dann verabschiedete er sich schnell von den Krásas, denn auf ihn warteten noch Reisevorbereitungen.

Mehr als dreißig Jahre vergingen, bevor der Gaon, Hochgelehrte, für immer nach Prag zurückkehrte. Bei einer Epidemie, die vor kurzem Böhmen fast verschont und Mähren nur gestreift hatte, um desto verheerender in Polen und Schlesien zu wüten, hatte Rabbi Löw seine von einer anderen Krankheit geschwächte Gattin verloren.

Er nahm seinen Wohnsitz in der Prager Judenstadt, in der Breiten Gasse, und ließ auf dem Hause, das ihm und seiner Familie genügend Raum bot, einen Löwen als Hauszeichen anbringen. Den Haushalt besorgte Rabbi Löws älteste Tochter Dwojra.

Rabbi Jehuda Löw ben Bezalel ging mit Feuereifer ans Werk. Tagsüber weilte er bei seinen Schülern in der Klaus-Schul, um mit ihnen Probleme des Talmuds zu diskutieren. Die Abende widmete er der Niederschrift eines Kommentars zu Raschis Pentateuch. Er bereitete jung und alt Überraschungen: Die Geistesgaben, die sich in seiner Jugend nur durch flüchtiges Aufblitzen angedeutet hatten, vertieften und entwickelten sich nun immer mehr, zum nicht geringen Erstaunen selbst der größten Koryphäen in den Gebethäusern der Prager Judenstadt. Jehuda Löw ben Bezalel überragte die anderen nicht nur durch seine Gelehrtheit, sondern auch durch eine ungewöhnliche Selbständigkeit seiner Gedankengänge. In seinem Wesen war er jetzt noch strenger gegen sich selbst und noch aufgeschlossener für die Bedürfnisse der Gemeinde als in seiner Jugend. Seine Auslegungen in der Klaus-Lehranstalt und seine Reden im Bethaus an großen und kleineren Festtagen zogen stets Zuhörer aus der geistigen Elite der Judenstadt an, die den Raum der Altneuen Synagoge bis auf das allerletzte Plätzchen füllten.

In der Judenstadt, dem Prager Ghetto, hatte sich während der letzten Jahrzehnte vieles verändert. Unter dem toleranten Kaiser und König Maximilian II. ging es sogar den Menschen in der Prager Judenstadt besser. Die einst ständig matschigen Gäßchen des Ghettos waren zum größten Teil mit rundlichen Steinen, »Katzenköpfen«, gepflastert worden; die Judenstadt erfreute sich der Fürsorge ihres Bürgermeisters Mordechaj Maisl, der — seinerzeit ein armer Schüler der hohen Talmudschule — dem Vernehmen nach durch ein Wunder reich geworden war, für jedermann ein offenes Herz und für die Bedürftigen auch stets eine offene Hand hatte.

Als Rabbi Jehuda Löw ben Bezalel den Bürgermeister einmal im Laufe eines Gespräches darauf aufmerksam machte, daß die vor elf Jahren von Rabbi Elieser Aschkenasi gegründete Beerdigungsbrüderschaft, die sich vorrangig um die letzten Dinge des Menschen kümmerte, an Geldmangel leide, erwiderte Mordechaj Maisl lächelnd: »Rabbi Löw, alles, was die Beerdigungsbrüderschaft zu ihrer Arbeit braucht, werde ich besorgen. Ihr, Rabbi, achtet bitte darauf, daß die Brüderschaft ein festes Statut bekommt. Die jüdische Stadt wächst rasch, was die Zahl unserer Brüder und Schwestern anbelangt, aber sie hat keine Möglichkeit, sich auszudehnen. Die Altstädter Ratsherren haben ohnehin schon beim König Beschwerde dagegen eingelegt, daß die Judenstadt immer mehr in den Leib der Altstadt hineinwächst und heute angeblich bereits dreißig Christenhäuser zur Judenstadt gehören. Auf dem kleinen Stück Erde, das uns gegeben ist, müssen wir darum neben unseren teueren Toten leben. Mögen also die schwersten Augenblicke im Leben unserer Lieben wenigstens durch das Bewußtsein erleichtert werden, daß die Beerdigungsbrüderschaft die Sorge um ihre sterbliche Hülle gemäß den Vorschriften unserer Thora übernimmt.«

Der erste Tote, der von der Chevra Kadischa nach dem neuen, von Rabbi Löw ausgearbeiteten Statut auf dem Prager Ghettofriedhof begraben wurde, war Ruben Karpeles, der erstgeborene Sohn von Rebekka Karpeles, geborene Krása, und ihrem Mann Chaim Karpeles.

Es war bereits das vierte Kind, das Rebekka Karpeles während ihrer etwa zwanzigjährigen Ehe hier bestattete. Drei Töchterchen hatte ihr der Tod in zartem Kindesalter entrissen, und jetzt betrauerte sie den Tod ihres achtzehnjährigen Sohnes, eines Jünglings mit festen, elastischen Gliedmaßen, feurig wie sein Vater Chaim Karpeles und mit blauen Augen wie seine Mutter Rebekka. Er hatte in der von Rabbi Jehuda Löw ben Bezalel geleiteten Talmudschule in der Klaus studiert. Rebekka und ihrem herzkranken Mann blieben nun von den sechs Kindern, die Rebekka geboren hatte, nur noch die beiden jüngsten Töchter.

Chaim Karpeles, der Vater des verstorbenen Ruben, war in der Prager Judenstadt aufgewachsen, aber seine Interessen reichten weit über die Grenzen des Ghettos hinaus. Von Jugend an hatte er einen ungewöhnlichen Sinn für alles Schöne entfaltet, den er auch im praktischen Leben zu verwerten wußte: Er belieferte den Hofe Maximilians II. und in den letzten Jahren insbesondere die Hofhaltung des jungen Kronprinzen Rudolf mit den auserlesensten Kunstwerken, die in Prag von der Hand begnadeter Künstler entstanden; Chaim war ein ausgezeichneter Kunstkenner, und man konnte ihn kurzerhand als Hofjuden bezeichnen.

Seit eh und je liebte er das Schöne dermaßen, daß er mit einem Wesen, das der Anmut und des Reizvollen entbehrte, nicht hätte zusammenleben können. Auch darin unterschied sich der junge Mann mit dem feurigen Temperament von den übrigen jüdischen Jünglingen, die ihre Ehen nach dem Willen und der Wahl ihrer Eltern schlossen und das Angesicht der Braut erst unter der Chuppe erstmals erblickten, wenn der Rabbi die Trauungsformel und den Segen sprach. Chaim Karpeles hatte sich seine Braut selbst ausgesucht und betrachtete die Heirat mit der lieblichen, reizvollen Rebekka Krása — war doch ihr Familienname Krása, was im Tschechischen Schönheit bedeutet, an sich schon ein Sinnbild — als Geschenk, das ihm der Allmächtige selbst machte. Mit einer häßlichen Frau hätte dieser Schöngeist, dieser Liebhaber und Vermittler schöner Dinge, tatsächlich nicht in Eintracht leben können. Vielleicht loderte in den Ehegatten das gleiche Feuer, das gleiche Gefühl für ausgewogene Linien und Rundungen, für Farbnuancen und das Ebenmaß der Formen — hatte doch Rebekka Krása ihr Äußeres von Jugend an sorgfältig gepflegt!

Jede Lieferung schöner Dinge, mit der Chaim Karpeles in die Prager Burg oder gar in die Wiener Residenz eilte, mehrte den Wohlstand der Familie, sicherte ihre Existenz besser und hätte sie, wäre nicht das Sterben der Kinder gewesen, auch glücklicher gemacht.

Rebekka Krása war während ihrer Ehe mit Chaim Karpeles nicht gleichgültig gegenüber seiner Arbeit geblieben, die gleichzeitig sein Steckenpferd war. In dem Maße, wie ihre Schönheit nach jeder Schwangerschaft zunahm — die sechs Geburten vermochten ihr nichts anzuhaben —, in dem Maße lernte sie auch mit jedem kunstreich gehämmerten Schild, jedem kunstvoll gefertigten Schmuckstück, jedem imposanten Bildwerk und jedem helldunklen Gemälde, das durch Chaims Hände ging, zwischen gewöhnlicher Handwerksarbeit und der Schöpfung eines wirklichen Künstlers zu unterscheiden, und sie merkte sich auch die Physiognomien und die Namen derer, mit denen ihr Mann in Verbindung stand.

Und als Chaim ihr enthüllte, daß er Herzbeschwerden hatte, als sie ihren sonst so feurigen Chaim zum ersten Male bei einem Anfall, bei dem ihm Blutstropfen aus dem Munde in den Bart fielen, völlig machtlos sah, da war ihr klar, daß sie nach seinem Tode die Familie erhalten und den Weg gehen müsse, den ihr der Gatte gewiesen hatte.

Der Tod ihres Sohnes Ruben erschütterte sie zutiefst, ja er zerrüttete ihre Seele völlig. Der Jüngling hatte sich für alles interessiert, dem er begegnet war und das er rings um sich gesehen hatte. Vielleicht waren es gerade diese Lebendigkeit und dieser Wissensdurst gewesen, die ihn immer wieder bewogen hatten, spät abends aus dem Ghetto zu schleichen und ins Zentrum der Altstadt zu gehen, dann an der Teinkirche vorbei auf dem Krönungsweg über die Karlsbrücke zur Kleinseite, von hier zur Burg, unerschrocken und ohne Begleitung einer älteren Person, die ihn hätte schützen oder ihm zumindest zur Flucht raten können, falls ihm in dieser fremden Welt Gefahr drohte.

Wie es dazu kam, daß Ruben eines Abends bei der Kirche des Malteserordens von einem der Bewaffneten, die sich zu Hunderten in Prag herumtrieben, angefallen wurde, war niemals Gegenstand einer Untersuchung. Als Jude war Ruben Karpeles zwar unmittelbar der königlichen Kammer untertan, aber wer wollte sich schon Feinde machen mit der Untersuchung des Todes eines wahrscheinlich allzu kühnen und unvorsichtigen Jünglings in einem finsteren Gäßchen unweit des bekannten Prager Venedigs? War der Bursche nicht vielleicht sogar zu einer der Weibspersonen unterwegs gewesen, die dort wohnten und sich keines guten Leumunds erfreuten? Die Büttel der Kleinseite hatten den sterbenden Ruben Karpeles auf ihrem Rundgang gefunden, seine Leiche in die Judenstadt gebracht und ohne ein Wort der Erklärung auf der Schwelle des elterlichen Hauses abgelegt. Nicht einmal der Bürgermeister Mordechaj Maisl konnte etwas Näheres über Rubens Tod erfahren. Niemand wollte sich wegen dieser Sache die Finger verbrennen und sich Feinde machen. Die Eltern und die beiden Schwestern Rubens weinten nach seinem Tode die ganze Nacht durch, ebenso den ganzen Tag des Begräbnisses und die achttägige Zeit des Sitzens in Trauer. Ihr Schmerz über den Heimgang des einzigen Sohnes und Bruders ließ auch in den nachfolgenden Tagen, Wochen und Monaten nicht nach.

Chaim Karpeles versuchte nicht, über seine Bekannten bei Hofe etwas über den Tod seines Sohnes zu erfahren. Möglicherweise unterließ er es, um seinen und seiner Gattin Schmerz nicht noch zu vergrößern, vielleicht auch, um seine Gönner und Beschützer nicht durch Beschwerden zu verstimmen, die ohnehin zwecklos waren, weil schließlich eine Krähe einer anderen kein Auge aushackte.

Einen Monat nach Rubens Tod mußte Chaim Karpeles spät abends seine von der Trauer völlig verstörte Frau in den Gassen der Stadt suchen. Rebekka war von zu Hause fortgegangen, ohne Bescheid zu sagen, wohin sie wollte. Chaim fand sie an der Moldautiefe nahe der Pferdeschwemme bei der Sankt-Agnes-Kirche, dort, wo gewöhnlich Selbstmörder ins Wasser gehen.

»Rebekka, du mußt leben, damit unsere Kinder jemanden haben, wenn ich nicht mehr da sein werde. Ich habe nicht mehr lange zu leben, das weiß ich. Um des Andenkens unseres Rubens willen, für unsere Eva und unsere Ruth mußt du leben!«

Chaim Karpeles sprach zu seiner Frau über seine Krankheit, so wie er es sich selbst einzugestehen bisher nicht den Mut gehabt hatte.

Im Herbst des Jahres 1576, einige Wochen nach der Thronbesteigung Rudolfs II., starb er.

Rebekka hatte ihren Mann geliebt. Schon einige Monate vor seinem Hinscheiden war ihr klar, daß sein Tod unabwendbar sei, dennoch aber hoffte sie bis zum allerletzten Tag auf eine Wende des unerbittlichen Geschickes, mit dem sie rechnen mußte. In den letzten Tagen und Stunden von Chaims Erdendasein wich sie nicht von seinem Lager und widmete ihm ihre ganze Zeit. Eines Abends streichelte er ihren Arm und ihre prallen Brüste wie früher. Sie zögerte nicht, ihrer ehelichen Pflicht nachzukommen. Wie glücklich war sie, daß sich sein Gesundheitszustand nach dieser Liebesvereinigung, derentwegen sie sich Vorwürfe machte, nicht verschlechterte. Das Ende kam unerwartet plötzlich, in einem Augenblick, da Chaim auf seinem Lehnstuhl Platz nahm, um eine Brosche zu untersuchen, die ihm ein Prager Juwelier gebracht hatte.

Obwohl sie das Ende vorausgesehen hatte, war ihre Trauer nicht geringer.

Rebekka hatte also binnen kurzer Zeit den Verlust ihres Gatten und ihres Sohnes zu beklagen. Das Vermögen der Familie Karpeles konnte zwar einem Vergleich mit dem des Bürgermeisters Mordechaj Maisl oder anderer Honoratioren der Prager Judenstadt nicht standhalten, aber Chaims Arbeit und sein Geschäftssinn hatten seiner Witwe die Sorge um ihren und der beiden Töchter Lebensunterhalt für etliche Jahre abgenommen. Als Rebekka Karpeles nach einigen Monaten, in denen sie wie geistesabwesend umhergegangen war, den schmerzlichen Verlust einigermaßen überwunden hatte, nahm sie Kontakt zu den Juwelieren, Malern, Waffenschmieden und Bildhauern auf, mit denen Chaim in Verbindung gestanden war, und sie fand auch Zugang zu den maßgebenden Personen auf dem Hradschin, der königlichen Residenz.

Ihre Schönheit war ihr dabei keine geringe Hilfe. Für Männeraugen war die nun fünfunddreißigjährige Rebekka begehrenswerter als je zuvor. Aber sie vergab sich nie auch nur das geringste, denn im Geiste hörte sie die Stimme ihres gelehrten Vaters über die Sittenreinheit der Frau reden, und sie vergaß auch nicht, daß ein einziger Fehltritt der Mutter einen Schatten auf den Ruf ihrer beiden Töchter werfen würde.

Dennoch war sie verzweifelt einsam, dabei erfüllt von einer seltsamen, aufwühlenden Glut. Sie war einsam, wie es eben eine Frau ist, die in der Blüte ihrer Jahre steht, noch von Kraft und von der Sehnsucht erfüllt, Leben zu empfangen und Leben zu geben, die aber in diesem pulsierenden Mittelpunkt des Geschehens wie gelähmt ist, wie tot. Die letzte Vereinigung mit ihrem Ehemann hatte ihrem Schoß keine Frucht mehr beschert. Der Schatten Chaims würde also ein Schatten bleiben.

Sie suchte an den Gräbern ihres Sohnes und ihres Mannes Abtötung. Vernichtet, bis in die Wurzeln ihres Seins erschüttert, kehrte sie vom Friedhof zurück, zwar lebend, aber mit tränenleeren Augen und mit einem von Unerfülltheit schmerzenden Leib. Sie stürzte sich in die Arbeit, schuftete bis zu völliger Erschöpfung in der Hauswirtschaft, unfähig, ihr Leben zu beenden oder ein neues anzufangen. Sie wußte sich keinen Rat.

Eines Abends traf sie zufällig in dem Gäßchen, das von der Lehranstalt in der Klaus in die Breite Gasse führte, Rabbi Jehuda Löw ben Bezalel. Ohne zu überlegen, neigte sie tief den Kopf zu einem ehrfürchtigen Gruß, aber der Rabbi erkannte sie nicht. Er erwiderte den Gruß der Frau mit einem Kopfnicken, ohne sich aus seinen Gedanken reißen zu lassen; vielleicht hatte er sie nicht einmal richtig wahrgenommen.

Er war jetzt sechsundfünfzig Jahre alt, hatte aber nicht an Festigkeit und Kraft verloren, eher im Gegenteil. Rebekka schien es, als ob die Würde und der Ruhm, die sich mit seinem Namen verknüpften, der Gestalt des Gaons übermenschliche Größe verliehen.

Rabbi Jehuda Löw ben Bezalel war eben auf dem Heimweg vom Verein für das Studium der Mischna, wo er sich in zunehmendem Maße Fragen der Kabbala zugewandt hatte. Es ging um die Beziehung der äußeren zur inneren Welt, um die Erfahrungen der Religion in dem langen Zeitraum, den sein Volk in der Diaspora hatte durchstehen müssen, und um den Platz seines Volkes in der Weltordnung. Darüber hatte Rabbi Löw eben nachgedacht.

Der Erdenmensch setzt sich, genau wie die ihn umgebende sichtbare, materielle Welt, aus den vier Elementen Erde, Feuer, Wasser und Luft zusammen, in deren wechselseitiger Verbindung und Gegensätzen das Wesen der Materie steckt. In vielen Menschen und Dingen verbinden sich Erde und Wasser, in anderen Feuer und Luft beziehungsweise Luft und Erde, zuweilen sogar Feuer und Wasser — und dann kommt es eben darauf an, wie mächtig dieses oder jenes Element in der Verbindung ist. Wir kennen und sehen nur die materielle, endliche Welt, welche die Schale anderer Welten bildet. Neben ihr existieren jedoch auch die Welt der Schöpfung oder Welt der himmlischen Sphären und die Welt des Schaffens oder Welt der Engel oder Geister, welche die Sphären beleben.

Der Mensch kann mittels seiner Tugenden — also auch durch inbrünstiges Gebet — auf die höhere Welt einwirken und sie dadurch besser gestalten. Seine unsterbliche Seele gelangt nur dann in den Himmel, wenn sie vollkommen ist. Aber kann nicht der Himmel auch eine Seele entsenden, damit sie in einen Körper trete und ihn so besser oder sogar vollkommen mache?

In solche Gedanken versunken, setzte Rabbi Löw den Heimweg in die Breite Gasse fort. Und Rebekka Karpeles langte schließlich bei dem Eckhaus am Moldaufluß an, in dem ihr die Wohnung nach ihren Eltern gehörte. Vor ihrem geistigen Auge rollte die Szene ab, wie sie einst dem Gelehrten, den man zum Landesrabbiner von Mähren gewählt hatte, das elterliche Abschiedsgeschenk überreichte, eine Ledermappe mit einem heraldischen Löwen zur Aufbewahrung von Handschriften; und sie dachte an die Erzählung ihres Vaters, wie Rabbi Löw als junger Schüler der Talmudschule über sie nach ihrer Geburt Segensworte gesprochen hatte.

Die Gestalt des großen Gelehrten Jehuda Löw ben Bezalel ging ihr nicht aus dem Sinn. Sie wußte viel über ihn, denn die ganze Judenstadt sprach davon, wie er lebte und daß ihm nach dem Tode seiner Frau die Tochter Dwojra den Haushalt führte.

Rebekka sehnte sich nach menschlichem Glück, nach einer Fortsetzung. Weil sie den Sohn verloren hatte, war niemand da, der nach ihr das Totengebet sprechen würde. Wird ihr der Allmächtige zeitlebens die Gnade eines männlichen Nachkommens versagen? Ist ihr Geschick unabwendbar? Soll sie immer bloß eine wehklagende Mutter bleiben?

Einige Tage grübelte sie über den Gelehrten nach. Vielleicht war sie wegen ihrer Ungelehrtheit seiner unwürdig, aber sie konnte ihm auch noch in seinen Jahren das menschliche Glück geben, das er infolge des Heimgangs seiner Gattin verloren hatte. Rebekka schien es, als ob das Schlüsselproblem ihres Lebens mit Rabbi Löw verknüpft sei. Wird er es lösen oder wenigstens helfen, es zu lösen? Sie ließ bei einem Künstler einen Ring anfertigen, würdig, die Hand des großen Gelehrten zu zieren. Der Ring zeigte einen getriebenen Löwen, der auf beiden Hinterbeinen stand und mit der rechten Tatze zum Schlag ausholte.

Dann nahm sie ihren ganzen Mut zusammen, klopfte an die Tür von Rabbi Löws Wohnhaus und übergab Dwojra, die ihr öffnete, den Ring mit der Bitte, von dem Gelehrten empfangen zu werden. Sie nannte ihren Namen und auch ihren Mädchennamen. Dwojra führte sie ins Arbeitszimmer des Vaters. Rabbi Löw war eben im Begriffe, den Kommentar zu Raschi abzuschließen. Auf einer Seite des Tisches häuften sich die Seiten der Handschrift, vor dem Gelehrten lag ein halb beschriebenes Blatt.

Mit einigen Sätzen erzählte Rebekka dem Rabbi, was ihr in ihrem bisherigen Leben alles widerfahren war. Der Leiter der bereits weithin berühmten hohen Talmudschule Klaus erinnerte sich nunmehr an sie als an das zwölfjährige Mädchen von damals. Die Gestalt der reifen Frau fesselte jeden Mann; der Rabbi blickte in ihr anziehendes Gesicht, ihre Augen waren trotz des feinen Netzwerks kaum sichtbarer Fältchen in der sie umgebenden zarten Haut immer noch jung.

Der Rabbi zögerte ein paar Augenblicke, aber noch bevor sie auch nur andeuten konnte, in welche Richtung ihre Träume gingen, hatte der Gelehrte den Zweck ihres Besuches begriffen und einen Kreis um sich geschlossen.

Wie schön mußte das Zusammenleben mit dieser reinen, gutaussehenden Frau sein! Sie war eine gute Gattin gewesen, und sie war eine vortreffliche Mutter. Warum sollte sie nicht einem zweiten Gatten Glück und Liebe schenken? Allerdings mußte es ein Mann sein, der von der Zusammensetzung der Elemente her zu ihr paßte und nicht die Gegensätze in den Elementen, aus denen Rebekka geschaffen war, noch verschärfte.

Rabbi Jehuda Löw ben Bezalel trug derzeit allerdings nach einem Glück solcher Art überhaupt kein Verlangen, nicht etwa, weil in ihm schon alle Lebensfreuden abgestorben waren, sondern weil er sie im Augenblick nicht wecken wollte.

Der Allmächtige hatte ihm eine Tochter geschenkt, aber keinen Sohn, keinen Fortsetzer der Geschicke, mit dem der Geschlechtsname der Löws auf eine weitere Generation übergehen würde. Ihm war also bestimmt, dank seiner Arbeiten weiterzuleben, dank seines Lebenswerkes, das er zu Ende führen mußte und das ihm einen Platz im Gedenken der Menschen sichern, vor allem aber der Aufmerksamkeit des Ewigen nicht entgehen würde, des Allmächtigen, nach dessen Ratschluß er eben auf diesem Gebiet wirkte und arbeitete. Ihm fielen alle die Bücher ein, die er noch schreiben wollte: über die Jugenderziehung, über die von der Thora geforderte Sittlichkeit, über den Sinn der vom Ewigen gegebenen Gesetze, über Probleme und Fragen des Talmuds, die man überdenken und für das Leben auslegen mußte. Er dachte an seine Arbeit für die Prager Gemeinde oder vielleicht auch eine andere Gemeinde, wohin zu gehen ihm auferlegt werden konnte. An sein persönliches Glück durfte er jetzt nicht denken. Vielleicht später einmal — so Gott wollte!

Der Allmächtige hatte Rebekka Karpeles Schönheit, aber auch Schmerz beschieden. Bestimmung ihrer Kinder war es, vor den Eltern hinzuscheiden, Bestimmung der Eltern, in das offene Grab der Kinder zu schauen.

Ja, selbst wenn ich mich mit dieser schönen, schmerzensreichen Frau, die nach Fortsetzung verlangt, verbinden würde, könnte uns der Weltenherr dies versagen, weil wir die vorausbestimmte Ordnung verletzten. Was dann?

Rebekka Karpeles bestand aus dem Element Erde, um die Erdenschwere abschütteln zu können, aus dem Element Luft, um in Gedanken anderswohin schweben zu können, aus dem Element Wasser, um der Born zu sein, aus dem ihre Umgebung Erfrischung schöpft, und schließlich aus dem Element Feuer, das sie unaufhörlich verzehrte. Das Feuer überwog in ihr die anderen Elemente der Kabbala, das Feuer, das sie nicht mit einem sichtbaren äußeren Mal zum Gedenken an die schreckliche Feuersbrunst in der Nacht ihrer Geburt gezeichnet hatte, sondern sie statt dessen von innen vernichtete.

Chaim Karpeles mit seiner Sehnsucht nach dem Schönen und seinem steten Umgang mit Dingen, für die das Verbot der Thora galt: Du sollst Dir kein Bild machen!, war gleichfalls stärker durch das Element Feuer als durch die Elemente Erde, Wasser und Luft bestimmt gewesen. Daher seine Herzschmerzen und sein vom Allmächtigen vorausbestimmter früher Tod.

Wahrscheinlich war deshalb auch der Sohn der beiden, Ruben, umgekommen. Ein unsteter, aber feuriger Knabe, der an Abenden durch die Stadt der Unreinen schweifte, die für das von Gott auserwählte Volk immer Fremdlinge blieben. Auch in Ruben überwog das Feuer die übrigen Elemente, und das Feuer war es gewesen, das ihn vernichtet hatte.

Jehuda Löw ben Bezalel griff nach dem Ring, der bisher rechts auf dem Tisch gelegen hatte, und steckte ihn an den Finger. »Vielen Dank, Frau Riva!« sagte er mit einem Lächeln. »Das ist ein wunderschönes Geschenk, aber ich verdiene es nicht. Vielleicht werde ich einen Weg finden, um mich Euch erkenntlich zu zeigen!« Rabbi Löw erhob sich, und Rebekka begriff, daß der große Gelehrte Jehuda Löw kein Sterbenswörtchen über die Angelegenheit verlieren wollte, die sie hergeführt hatte. Sollte also ihr Leben weiterhin sinnlos bleiben? War der große Rabbi tatsächlich außerstande, ihr wenigstens zu raten, was sie nach dem Verlust des Sohnes und des Mannes mit ihrem Leben anfangen sollte?

Auch Rabbi Löws Gedanken galten diesen Fragen, als er nach Beendigung des Kapitels über die Reinigung der Frauen zu Bett ging. Es ist nicht die Schuld dieser im Grunde noch jungen Frau, daß sie nicht weiß, wie sie ihr Leben gestalten soll. Sie ist zu keusch, um einen Weg einzuschlagen, der mit Gottes Zehngebot im Widerspruch steht. Und dabei ist sie aus Elementen zusammengesetzt, die es ihr schwer machen, allein durchs Leben zu gehen.

Wie könnte man ihr helfen? Finanzielle Unterstützung braucht sie nicht, sie ist imstande, sich und ihre Kinder zu ernähren, vielleicht auch einen Kenner der Lehre, der keine schönen Gegenstände an den kaiserlichen Hof liefert, sondern sich ausschließlich mit den Texten des Talmuds beschäftigen würde! Einen zu gleichen Teilen aus den Elementen Wasser, Erde und Luft und nur in geringem Maße auch Feuer zusammengesetzten Mann, der mit beiden Beinen auf dem Boden stünde, seiner Frau ein Quell der Erfrischung wäre, dessen Gedanken sich wie ein Frühlingswind erheben könnten und der dabei noch nicht kalt und ungastlich wie ein erloschener Herd bliebe.

Zwischen Himmel und Erde gibt es Dinge, die wir nicht bestimmen, aber deren ungewollte Vermittler wir sind.

Im Gebethaus und im Verein für das Studium des Talmuds ist doch Mordechaj Popers. Ein Schüler, wie er sein soll, eigentlich in bezug auf die Bestimmungen des Talmuds schon ein Kenner. Er besitzt zwar keinen Heller, ist aber lauter und sittenrein, gut gewachsen und scharfsinnig, ein wahrer Erbe des Geistes aller, die je grübelnd über den Seiten der Thora und ihres Kommentars saßen, um sich selbst und die sichtbare Welt rund um sie zu verbessern, wie es die Kabbala fordert. Mordechaj Popers ist einundzwanzig, das ist das mannbare Alter, von dem die Quellen sagen, daß es eine Sünde sei, wenn ein junger Mann in diesem Alter auch nur einen Tag ledig bliebe. Warum nicht eine Verbindung zwischen Mordechaj und Rebekka herbeiführen?

Hat der Altersunterschied etwas zu bedeuten, wenn es sich um zwei gesunde Menschen und einen von der Schrift gebotenen Zweck handelt? Warum sollten sie nicht hingehen und sich vermehren?

Am nächsten Morgen ging Rabbi Löw zum besten Gürtler der Judenstadt, zu Abraham ben David.

»Fertige mir einen Frauengürtel an, mit einer Spange, auf der ein Karpfen mit mindestens hundert Schuppen zu sehen ist. Und laß dir an der Arbeit gelegen sein!« Bei diesen Worten drückte der Rabbi dem Meister ein Geldstück in die Hand. »Der Gürtel soll dem besten Zweck dienen, den ich kenne.«

Karpfenschuppen sind doch ein Symbol des Glücks, nicht?

»In einer Woche wird der Gürtel fertig sein; ich bringe ihn dann in Euer Haus, Rabbi Löw!«

Acht Tage später ersuchte der Gelehrte seinen besten Schüler in der hohen Talmudschule, Mordechaj Popers, am Abend eine kleine Aufmerksamkeit, einen Gürtel, zu der Witwe Rebekka Karpeles in das Eckhaus am Moldauufer zu bringen. Falls die Hausfrau den Gürtel anprobieren, darüber sprechen oder Fragen stellen wolle, solle Mordechaj die Zeitversäumnis nicht reuen, denn der Allmächtige werde ihn ganz sicher dafür belohnen.

Sechs Wochen später vollzog Rabbi Jehuda Löw ben Bezalel unter dem Baldachin die Trauung des Mordechaj Popers mit Rebekka Karpeles. Rebekkas Schönheit war zu neuem Glanz erblüht, als ob sie von diesem Moment an den Tod ihres Sohnes und ihres ersten Mannes überwunden hätte.

In der Talmudschule wurde Mordechaj Popers Stellvertreter des Leiters der Studien.

Ein Jahr später sprach Jehuda Löw bei der Beschneidung des stattlichen Sprößlings von Mordechaj und Rebekka das Gebet und Worte des Segens: »Möge sich in dem Kinde das Element Erde, der wir entstammen, mit dem lebenspendenden Wasser und dem erquickenden Lufthauch vereinen!«

Rabbi Löw kehrte in das Haus in der Breiten Gasse zurück, und ihm war, als höre er über seinem Haupte Engelsschwingen rauschen. Weil er sich selbst besiegt hatte? Weil er Rebekka geholfen hatte? Die menschliche Seele ist das Erzeugnis der Verbindung des Königs mit der Königin. Kraft ihrer hervorragendsten Attribute vermag die Königin zum König emporzusteigen; der Mensch kann mittels seiner Tugenden auch auf die höhere Welt einwirken und sie verbessern. War ihm dieses Zeichen wirklich gegeben worden?

Die Dichterin und Predigerin

Reb Méir Tikotin gehörte zu den Schülern Jehuda Löws ben Bezalel, als dieser in Mähren wirkte. Reb Méir, um eine Generation jünger, war sein ergebener Anhänger und übernahm seine Ideen über die bessere Erziehung der jüdischen Jugend. Er war besonders im Talmud sehr bewandert. Reb Jehuda Löw ben Bezalel empfahl ihm, noch in der bekannten hohen Talmudschule zu Posen zu studieren und sich erst dann endgültig dem Amte eines Rabbiners zuzuwenden. Reb Méir Tikotin blieb mehr als drei Jahre in der Posener hohen Schule. Inzwischen wurde aus Rabbi Jehuda Löw ben Bezalel der bedeutendste Prager Rabbiner. Als sich die Familie Horowitz, die seit Jahrhunderten die Prager jüdische Gemeinde beherrschte und, obwohl ihre Macht bereits im Niedergang war, wegen ihrer Gelehrtheit und Bildung zu den bedeutendsten Familien gehörte, mit der Frage an ihn wandte, ob er nicht einen gelehrten Rabbiner wisse, der in ihrer Pinkas-Synagoge das Amt eines Gehilfen des Hauptrabbiners ausüben und später alle seine Pflichten übernehmen könne, empfahl er seinen Schüler Reb Méir Tikotin. Der bisherige Rabbi der Familie Horowitz war schon sehr alt, und es näherte sich die Zeit, da ein jüngerer, wirklich gebildeter Rabbiner seine Dienste übernehmen mußte.

Reb Méir Tikotin kam in den achtziger Jahren des sechzehnten Jahrhunderts nach Prag; er war noch nicht dreißig Jahre alt, voller Energie und übernahm bereitwillig auch einige Auslegungsstunden in der Klaus, wo eben Jehuda Löw ben Bezalel die hauptsächliche Auslegung des Talmuds innehatte. Nach nicht allzulanger Zeit verheiratete sich Reb Méir Tikotin mit der Enkelin des Rabbiners Isaak Melings, des Vorgängers Reb Löws, und erhöhte dadurch sein Ansehen. Er war jedoch so weise, nicht schon in jungen Jahren die verdienstvollen und gewichtigsten Männer, die sich in der Judenstadt dem Dienste des Herrn widmeten, übertreffen zu wollen.

»Mit der Zeit zu wachsen, die Wurzeln in der Erde zu verbreiten und die Krone des Baumes zu belauben«, so lautete die Auslegung für die Weisheit der Menschen und des Lebens, die seinerzeit in der Olmützer Schule Jehuda Löw ben Bezalel ausgesprochen hatte. Und Reb Méir Tikotin hatte genügend Geduld, die Früchte reifen zu lassen. Es gab keine Minute, die er nicht zum Wohl der Gemeinde nutzte, sei es zum Dienst in der Pinkas-Synagoge, zur Auslegung in der Klaus-schul oder sonst wie. Manchmal rief sein Eifer sogar Mißbilligung bei einigen Mitgliedern der herrschsüchtigen Familie Horowitz hervor, die ihren jüngeren Rabbiner am liebsten nur im Dienste in der Pin-kas-Synagoge gesehen hätten, aber laut werden ließ es nur einmal in-direkt das Familienoberhaupt Zoltan Munka: »Wenn Ihr Eure eigene Familie haben werdet, Reb Méir, werdet Ihr auch erkennen, woher Ihr Euer alleiniges Brot beziehet.«

Ein knappes Jahr nach seiner Verheiratung bekam die Familie des jungen Rabbiners Zuwachs. Ihm wurde jedoch kein Sohn geboren, der in jüdischen Familien immer ersehnt ist und höher bewertet wird, sondern eine Tochter. Reb Méir Tikotin gab ihr den Namen der Urmutter Rebekka.

Doch bevor er sein erstes Kind so benannte, überlas er Rebekkas Schicksal im ersten Buche Mosis. »Sie wird ein gutes Vorbild haben«, sagte er zu seiner Frau. »Unsere Urmutter Rebekka wurde von Elie-ser, dem Diener Abrahams, nach dem ihm von Gott gegebenen Zei-chen zur Braut Isaaks bestimmt; mit ihm hatte sie zwei Söhne, Esau und Jakob. Sie war schön — besagt denn nicht schon ihr Name, daß sie von voller Gestalt war, das Ideal der Frau eines Hirten, wie es Ab-raham war?

Und gab Isaak sie nicht wegen ihres Liebreizes in Gerara als seine Schwester aus? Sie wendete aber ihre Liebe eher ihrem Sohn Jakob zu und half ihm, als Isaak ihm statt Esau seinen Segen als Erstgeborenem gab. Und sie trug dazu bei, dem Hader ein Ende zu bereiten — auch dies ist die Bedeutung ihres Namens: die Unterbrecherin des Haders. Als ihr Leben zu Ende ging, wurde sie bei ihren Ahnen in den Erb-begräbnisstätten in der Höhle Machpela begraben.«

Rebekka bet Méir, oder Rivka Tikotin, wie man sie in der Juden-stadt nannte, hatte bereits in der Wiege ein ausdrucksvolles Gesicht: zwischen den langen dunklen Wimpern sahen ihre tiefschwarzen Au-gen wie durch einen Spalt hervor; nie öffnete sie die Augen voll, es schien, als wollte sie die Welt nur mit diesem Blick von innen erken-nen. Sie war von gedrungener Gestalt, für ein Mädchen fast muskel-stark. Ihre hervorstehenden Backenknochen und glühenden Wangen verliehen ihr bereits von Kindheit an einen begeisterten Gesichtsaus-druck. Sie zeigte kein Interesse für die Spiele ihrer kindlichen Gefährtinnen: sie wickelte keine Läppchen zu Puppen, sie tanzte nicht mit kleinen Schritten auf den Höfen der Häuser, wo meistens nur Platz für einige kindliche Schritte blieb. Ihr Streben richtete sich auf etwas anderes. Sie pflegte neben ihrem Vater zu sitzen, wenn er daheim in seiner freien Zeit Bücher las; sie beobachtete, wie er die blockigen Buchstaben aussprach, die sie durch ihre Festigkeit und den kräftigen Bau faszinierten.

»Was ist das für ein Buchstabe?« fragte sie hie und da und zeigte auf eines der Schriftzeichen der hebräischen Sätze, die Reb Méir Tikotin las; und der Vater erklärte ihr gern, was dieses oder jenes Schriftzeichen bedeutete. So lernte sie Hebräisch lesen, ohne daß er es sie besonders gelehrt hätte. Lehrte man denn zu jener Zeit die jüdischen Mädchen daheim etwas? Sie begleitete den Vater bei seinen nachmittäglichen Gängen in die hohe Talmudschule in der Klaus oder wartete auf ihn, wenn er gegen Abend, am jüdischen Friedhof vorübergehend, nach Hause zurückkehrte.

Hie und da begegnete sie auch Rabbi Jehuda Löw ben Bezalel, dem großen Meister und Lehrer, der Kinder sehr liebte. Er streichelte ihre spröden Haare, die sich über ihrer hohen, etwas trotzigen Stirn gleichsam sträubten. Dann begleiteten der Vater und sie den Rabbi bis zur Breiten Gasse, wo Rabbi Löw das Haus mit dem Hauszeichen eines Löwen besaß. Er kannte den Schmerz Méir Tikotins darüber, daß ihm kein Sohn, sondern eine Tochter geboren worden war, noch dazu eine mit den Neigungen und dem Verstand eines Knaben statt eines Mädchens. Knaben, die Scharfsinn für das Studium der Schrift bewiesen, gingen schon im Alter von drei bis fünf Jahren zur Schule, damit sie dort im Glauben der Väter unterwiesen wurden. Den Frauen jedoch oblag nichts anderes, als das Heim und den Herd des Mannes zu hüten und die Kinder zu erziehen. Selbst in der Synagoge durften sie nur abgesondert von den Männern den Riten zusehen und die den Männern vorbehaltenen Räume nicht betreten. Selbstredend galt dies auch für die noch nicht erwachsenen Mädchen.

Was aber sollte mit Rivka bet Méir geschehen, die schon im Alter von fünf Jahren mit dem Vater hebräische Texte so geläufig las, daß Reb Méir Tikotin immer wieder staunte? Er lehrte sie daher zu Hause so, als habe er einen Sohn und keine Tochter. Das kam ihm ganz natürlich vor. »Bereiteter Tisch, lieber Vater«, begrüßte sie ihn eines

Tages zum Mittagessen hebräisch mit dem Titel des neuen Werkes von Rabbi Karo, als sie ihm anstelle der Mutter, die gerade im Hause ihres verstorbenen Großvaters Reb Isaak Meling ihre kränkliche Mutter betreute, die Suppe auf den Tisch stellte. Welch schönen Klang haben diese Worte! dachte Reb Méir Tikotin, der auch die Melodie in den Worten seiner Tochter wahrnahm. Wie schön wäre es doch, ein Buch im Geiste unserer Väter zu schreiben! Tatsächlich ist in unseren Vorschriften für uns ein reicher Tisch bereitet!

Rivka überraschte ihn auch durch die Art, wie sie die Mutter bei der Zubereitung der Speisen ersetzte, wie sie ihm die Speisen vorsetzte, wie sie alle Vorschriften für die koschere Zubereitung einhielt und sorgfältig alle Fleischspeisen erst nach Speisen auftrug, die Milch enthielten. Keine einzige Vorschrift wurde verletzt, alles bis ins Kleinste eingehalten — und das von einem Mädchen, einem Kinde fast, welches kaum acht Jahre zählte.

Dies geschah zu der Zeit, als Rabbi Löw nach fast vierjährigem Aufenthalte in Posen nach Prag zurückkehrte, um sich von neuem und mit noch größerer Hingabe als je zuvor seiner Arbeit zu widmen.

Als am Großen Sabbat, der dem Pessachfest vorausging, Rabbi Löw in Anwesenheit der übrigen Rabbiner die traditionelle Vorrede in der Altneuschule hielt, wiederholte Reb Méir Tikotin den Inhalt daheim, aber mehr für seine Tochter als für seine Frau.

»Warum können Frauen nicht Rabbiner werden, Vater? Und warum müssen wir in der Synagoge von den Männern abgesondert sein, obwohl uns die Worte der Gebete so nahegehen?«

Reb Méir fiel es schwer, seiner Tochter zu erklären, warum auch sie das übliche Schicksal der Frauen teilen müsse, obzwar sie vom Glauben mehr wußte als ein Knabe ihres Alters, der die Talmudschule besucht hatte.

»Es ist eine uralte Glaubensvorschrift, die für unsere Vorfahren galt. Sie schützte die Familie vor den Angriffen der Nomaden; nur die Männer ließen sich in den Kampf um die Weideplätze ein, sie verteidigten den Tempel, als Jerusalem von den Römern erobert wurde. Der Frau stand nur zu, den Männern zu helfen und die Verbote zu wahren, mehr nicht!« sagte er kurz. Er war sich bewußt, daß er die ungeschriebene Tradition überschritt, wenn er die Tochter in den

Vorschriften des Glaubens so unterwies, als sei sie keine Tochter, sondern ein Knabe. Ja, sie hatte den Verstand eines Knaben und zeigte nicht die zärtlichen Gefühlsäußerungen ihrer Genossinnen, betrachtete jedoch auch niemals ihre Knabengefährten so, als sei sie einer von ihnen. Vielleicht fehlt ihr sogar die normale Sanftmut des Wortes und die Zärtlichkeit der Äußerung, dachte Reb Méir Tikotin, ihr Geist ist klar und offen. Aber es ist wohl eine andere Zeit gekommen. Ändert sich denn nicht die Welt rings um die Judenstadt in dieser Richtung? Er suchte Rat bei Rabbi Jehuda Löw.

»Ihr habt recht, Reb Méir«, stimmte ihm der Gelehrte zu, der sich bereits den achtziger Jahren seines Lebens näherte. »Man erzählt hier im Lande bereits von der Gemahlin König Georgs, daß sie in der Schrift bewanderter sei als ihr Gatte. Und in Italien können angeblich alle Edelfrauen und auch reiche Bürgerinnen Latein und viele sogar Griechisch; sie können Schriften lesen, die vor Jahrtausenden geschrieben worden sind... Übrigens, hat nicht unser großer Moses ben Maimon die Lehre des griechischen Philosophen Aristoteles gekannt, und hat er sie nicht in die Auslegung unseres Glaubens eingefügt?«

»Ihr glaubt also, Reb Jehuda, daß...?«

»Ja, Reb Méir. Es wird jedenfalls nicht schaden, wenn deine scharfsinnige Rivka etwas von der Bildung erhält, die heute die Welt beherrscht. Derzeit erfolgt eine Wiedergeburt alter, inzwischen in Vergessenheit geratener Wissenschaften, als neue Quelle von Erkenntnissen, denen sich die ganze Welt öffnet. Und wir dürfen nicht abseits stehen!«

»Aber wie...?«

»Sagt Euch, Reb Méir, die Bezeichnung *Synagoge* nichts? Nicht nur Schule, sondern auch Versammlungsort — und es ist ein griechisches Wort. Oder der Begriff, den wir für einen Kritiker unseres Glaubens in unseren Reihen anwenden: *epikojres*, Abtrünniger. Ist dieses Wort denn nicht vom griechischen Ausdruck für Schüler des Philosophen Epikuros abgeleitet? Möge Rivka diese Welt kennenlernen, dann wird sie die Tiefe unserer Wahrheit um so deutlicher erkennen, Reb Méir. Heute brauchen wir die griechische Oberherrschaft nicht mehr zu fürchten.«

»Aber was soll ich mit ihrer Sehnsucht nach der Teilnahme an unserem Leben in der Schule des Glaubens, in der Synagoge, anfangen, Reb Jehuda?«

»Hier können wir die Vorschriften nicht ändern. Es ist eine Tradition, deren Verletzung die Reihe derer zerrütten könnte, die nicht so gebildet sind wie zum Beispiel Ihr, Reb Méir, oder mein großer Vorgänger, der Großvater Eurer Gattin, Reb Isaak Melding.«

»Vielleicht werden zwei oder drei Jahre des Studiums Rivkas Eifer in Sachen Mitwirkung für den Glauben etwas dämpfen. Aber was dann?«

»Ihr müßt ihre Erziehung entsprechend gestalten, Reb Méir. Falls Rivka ein Denkvermögen besitzt, wie es sonst nur Männern eigen ist, möge sich dieser Vorteil nicht gegen sie wenden, sondern zu unser aller Nutzen werden. Möge sie alles erkennen lernen, wodurch eine jüdische Frau ihrer Familie verpflichtet ist. Möge sie dann versuchen, eine gewisse Ordnung hineinzubringen und das Wesen all dieser Angelegenheiten zu erkennen. Mit ihrem reifen Blick wird sie die Arbeit der Frauen betrachten und ihren Altersgenossinnen raten, wie diese Arbeit künftig besser zu machen ist. Darin schränkt unser Glauben uns nicht ein: Unser Leben verbessern — das dürfen wir jederzeit. Und gewiß war Jakobs Leben anders als jenes seines Vaters Isaak oder des Urvaters Abraham, genau wie unser Leben anders ist als dasjenige unserer Väter. Die Welt entwickelt sich, sogar vor unseren Augen, Reb Méir. Erkennen wir denn nicht das Wesen dessen, was noch unsern Großeltern undurchdringlich erschien?«

»Ja, Reb Jehuda, daran werde ich bei Rivkas Erziehung denken.«

»Vielleicht erwächst in ihr, Reb Méir«, sagte der alte Gelehrte heiter, »unserem Geschlecht etwas Neues und bisher nicht Dagewesenes. Die Möglichkeiten, die unser Glauben für ihre Talente bietet, sind groß.«

»Und welche...?« fragte Reb Méir mit unsicherer Stimme.

»Kommt Zeit, kommt Mahd«, entgegnete der alte Gelehrte lächelnd. »Es wird eine Zeit kommen, in der Rivkas Fähigkeiten für uns alle nötig sein werden. Ihr werdet es selbst sehen.«

So reifte Rebekka, die Tochter Tikotins, in der Prager Judenstadt heran. Ihr Vater verheimlichte ihr nichts mehr von den Kenntnissen der Glaubensvorschriften. Sie näherte sich allmählich dem Alter, in dem andere Mädchen ans Heiraten dachten, aber Rivka Tikotin hatte daran einstweilen kein Interesse. Sie kannte bereits die Grundlagen des Lateinischen, wußte viel über das Griechische und las Bücher, die draußen in der Welt nicht nur in Hebräisch oder Jiddisch herausgegeben wurden, sondern in den Sprachen erneuerter alter Bildung. Sie liebte Gedichte, bewunderte ihre künstlerische Form und versuchte hie und da, sie im Hebräischen nachzuahmen. Vor allem jedoch schrieb sie über die Arbeit jüdischer Frauen: darüber, wie der Haushalt gemäß den Glaubensvorschriften zu führen sei, wie das Fest der Königin Sabbat, des Ruhetages der Woche, zu feiern sei, wie man sich nach den Büchern Mosis im rituellen Tauchbad zu reinigen habe, wie die Kinder nach der Geburt in Reinlichkeit aufzuziehen seien, wie man sie täglich baden und mit Muttermilch ernähren solle. Sie behandelte sämtliche täglichen, monatlichen und jährlichen Zyklen der Frau und notierte dies alles in hebräischer Sprache auf gleichgroßen Papierbögen, die sich auf ihrem Tisch langsam zum Manuskript eines Buches häuften.

Reb Méir Tikotin verfolgte ihre Arbeit voll Interesse, von Zeit zu Zeit überlas er ein neues Kapitel, merkte dies oder jenes an und bewunderte im Geiste die Reife der jungen Rivka. Sollte sie sich jemals verheiraten, dachte er, wird sie zu einer der besten Frauen werden, die ein jüdischer Bräutigam gewinnen kann. Aber wird sie überhaupt heiraten?

»Was willst du mit der Handschrift machen?« fragte er sie, als sie eines der letzten Kapitel zu Ende schrieb.

»Ich weiß es nicht. Falls sich eine Gelegenheit findet, wird vielleicht jemand sie herausgeben.«

»Du selbst willst dich nicht darum bemühen?«

»Nein. Es ist das Los der Frauen, im Verborgenen zu bleiben. Vielleicht wird das Werk so reifen, daß es allen dienen kann. Erst dann kommt seine Zeit.«

War es ein Zufall, oder hatte Rivka Tikotin nachgeholfen? Sicher ist, daß sie eines Tages auf der Kreuzung, über die man von der Breiten Gasse zur Altneuschul gelangte, mit dem greisen Rabbi zusammentraf, der sie sofort erkannte.

»Reb Jehuda, darf eine Frau etwas zur Schönheit unseres Gottesdienstes beitragen, wenn sie dabei völlig im Schatten bleibt?« fragte sie den alten Gelehrten mit bebender Stimme.

»Es gibt keine Vorschrift, die dies verbieten würde, wenn alles so bleibt, wie du gesagt hast. Und wie willst du zu dieser größeren Schönheit beitragen?«

Rivka senkte die Stirn, und eine Blutwelle überflutete ihr Gesicht, sei aus Scham oder Bewegung. Sie griff in das Tuch, das sie über dem Gewand trug, und entnahm ihm eine Schriftrolle.

»Ich habe ein Lied zu Simchath Torah geschrieben, Reb Jehuda. Mögen seine Worte den Gesang zur Feier der Thora verschönern!« Sie übergab Jehuda Löw ben Bezalel ihre Arbeit. Der alte Gelehrte überflog die Worte des Liedes.

»Es ist ein schöner Sang, Rivka. Dir sei Dank!«

»Reb Jehuda, ich darf nicht aus dem Schattendasein treten, das einer jüdischen Frau in unserem Glauben vorgeschrieben ist. Ich habe jedoch gewagt, in dieses Lied meinen Namen einzusetzen, und ich will mein Tun nicht verheimlichen, wenigstens nicht vor Euch.«

Jehuda Löw ben Bezalel schüttelte überrascht das Haupt. »Aber ich habe nirgends deinen Namen gelesen, Rivka!«

»Ich habe ihn nach griechischem oder lateinischem Brauch verschleiert, Reb Jehuda. Mittels eines Akrostichons… Es war eine Verwegenheit von mir, und ihr könnt mich verurteilen, aber die Anfangsbuchstaben der Zeilen ergeben meinen Namen.«

»Gib einem Mädchen Bildung und es übertrifft einen Mann«, sagte milde lächelnd der alte Mann. »Gut, ich nehme das Lied an, schon um deiner Aufrichtigkeit willen, aber nur unter einer Bedingung: Niemand außer dir und mir und deinem Vater darf von der Einsetzung deines Namens wissen.«

»Das weiß nicht einmal mein Vater. Darum habe ich auf Euch gewartet, Reb Jehuda.«

»Du versprichst mir, daß du niemals jemandem dieses Geheimnis enthüllen wirst. Überlassen wir es dem Lauf der Zeit, ob ein dritter es entdeckt. Aber im Dienste des Herrn stehen wir alle namenlos vor seinem Zelt.«

Als sich Rabbi Jehuda daheim an seinen Schreibtisch setzte, entfaltete er abermals die Rolle mit Rivkas Lied zum Feiertag der Thora. Er überflog die Worte rasch, um erst den Inhalt kennenzulernen. Es war wirklich ein Lied, das durch seine Gestaltung und geistvolle Gliederung fesselte.

Er las das Lied immer wieder. Dann begann er es zu untersuchen. Hatte die Verfasserin die hebräischen Worte am Anfang jeder Zeile künstlich so gesetzt, daß die ersten Buchstaben das Akrostichon Rivka bet Méir bildeten?

Nein, jedes Wort gehörte an seinen Platz, keines war gewaltsam oder unnatürlich gesetzt — die Absicht der Verfasserin blieb absolut verborgen. Niemand, der das Lied sang, würde Rivkas Geheimnis auf die Spur kommen, es sei denn, er kannte es.

Bei der nächsten Zusammenkunft übergab er das Lied dem Kantor der Altneuen Synagoge, damit er es zum Feiertag der Thora anwende. Dies geschah auch, und Rivkas Lied zu Simchath Torah wurde später, aber noch zu Lebzeiten Jehuda Löws, in die gedruckte Sammlung von Synagogenliedern aufgenommen, aber ohne Nennung der Verfasserin. Übrigens entstanden alle diese Lieder anonym.

Zur Lösung des Akrostichons kam es erst viel später, als der Leib Rivka Tikotins längst zu Staub zerfallen war — fast zweihundert Jahre nach ihrem Tode. Und nur dem Fleiß eines jüdischen Gelehrten, dem es unglaublich schien, daß eine jüdische Autorin die Regeln der griechischen und lateinischen Fest- oder Lobgedichte gekannt haben sollte, in denen der Name des Verfassers in den Anfangsbuchstaben oder sonstwie zu suchen war, ist es zu danken, daß die Lösung gelang. Er beurteilte richtig, daß die Renaissancebildung auf die Autorin eingewirkt hatte.

Rivkas dichterische Begabung, unterstützt durch eine tiefe Kenntnis des Glaubens, überraschte Jehuda Löw keineswegs. Doch ihn überraschte, daß sich unter seinen Glaubensgenossen ein junges Mädchen befand, das den Rahmen der alten gesetzlichen Vorschriften gesprengt und sich durch Verfassen eines Liedes aktiv am religiösen Leben der Juden beteiligt hatte. Sie war allerdings in der Welt keine Ausnahmeerscheinung, dies war dem alten Gelehrten klar. Wußte er denn nicht von Tycho de Brahe, daß am Hofe Kaiser Rudolfs eine ähnliche Mädchengestalt glänzte? Sie war ebenso alt wie Rivka Tikotin, vielleicht noch um ein Jahr jünger, aber sie überraschte ebenfalls ihre ganze Umgebung durch ihr Talent und ihre Bildung: Westonia.

Sie hatte ihren Vater, dessen Namen sie trug, angeblich in frühester Kindheit verloren. Ihre Mutter hatte dann einen Mann geheiratet, dessen Ruhm als Alchimist noch übertroffen wurde von seinem Ruf als Hitzkopf und Abenteurer: Eduard Kelley, den man am Hofe Rudolfs nur »den Engländer« nannte. Er war in den achtziger Jahren mit einer Empfehlung irgendeines berühmten Landsmannes nach Prag gekommen und hatte hier ein großes Vermögen erworben; seine Heftigkeit hatte jedoch bald seinen Fall verursacht und seine Familie in großes Leid gestürzt: Er erschlug im Streite einen Höfling und mußte aus Prag fliehen. Nachdem ihn des Kaisers Häscher gefaßt hatten, wurde er an verschiedenen Orten gefangengehalten; man sprach zuerst von Pürglitz, dann von Brüx, und dort sollte der englische Alchimist angeblich vor einigen Jahren gestorben sein. Vielleicht hatte er selbst Hand an sich gelegt. Sein Vermögen war gleich nach seiner Verurteilung eingezogen worden. Und so waren seine Frau und ihre Tochter in Armut geraten, was dazu führte, daß die beim Tode des Stiefvaters erst fünfzehnjährige Westonia ihr poetisches Talent nutzte. Sie begann Gedichte zu schreiben, in denen sie in künstlerischer Form Almosen heischte und um Mitleid mit ihrem Schicksal flehte; außerdem bemühte sie sich in lateinischen Versen um die Rückerstattung des elterlichen Vermögens. Alle ihre Werke legten Zeugnis ab von ihrem echten literarischen Talent, an dem niemand, der ihre Gedichte las, Zweifel hegte. Tycho de Brahe sagte zu Jehuda Löw, ganz ohne Zweifel würden viele ihrer Gedichte der Nachwelt trotz ihrer Gegenwartsbezogenheit erhalten bleiben.

Rivka Tikotin war also keine Ausnahmeerscheinung, selbst wenn sie, wie auch die christliche Frau, immer im Schatten des Mannes stehen und sich niemals offenbaren würde. So urteilte Jehuda Löw — und er irrte sich nicht.

Rivka Tikotin half weiter der Mutter im Haushalt, widmete sich mit dem Vater dem Glaubensstudium, feilte an ihrem Manuskript und ließ keinen Augenblick vergehen, ohne ihr Leben voll Tatkraft auszufüllen und zu helfen, wo sie konnte.

Seinen Höhepunkt fand ihr Leben im Jahre 1605, als die Judenstadt von der Aussiedlung bedroht war. Unter dem Vorwand, daß sich die Juden mit den Türken verbündet hätten, wurde die Aussiedlung angedroht. Die ganze Sache war ein Mißverständnis, wie anderswo auch erklärt wurde; aber die Anschuldigung blieb bestehen, und es drohte unmittelbar die Aussiedlung aller Juden aus den Ländern der kaiserlich habsburgischen Dynastie. Wie sie letzten Endes abgewendet wurde, ist an anderer Stelle bereits ausführlich beschrieben. Nirgends jedoch wurde geschildert, wieviel Schrecken und Unruhe diese Gefahr für die eigentliche Judenstadt bedeutete. Die Familien bereiteten unter Weinen und Wehklagen ihren Auszug vor, nahmen Abschied von den Gräbern ihrer Lieben, von ihren Besitztümern und von allem, wofür sie gelebt hatten. Es gab Szenen unbeschreiblicher Verzweiflung, und die meisten spielten sich, wie es in der Judenstadt üblich war, auf den Gassen ab.

Und jetzt wandte sich Rivka Tikotin mit der Frage an ihren Vater: »Darf eine Frau ihr Volk beruhigen, wenn sie es nicht im Tempel oder in der Schule tut?«

Reb Méir bedachte sich einen Augenblick und antwortete: »Es gibt keine Vorschrift, die das verbietet.«

Rivka Tikotin ging in die Gassen und wurde in dieser Notzeit zur Predigerin. Sie sprach an den Straßenecken und versuchte zu beruhigen. Sie erinnerte an alle die großen Siege ihres Volkes, von denen die fünf Bücher Mosis und weitere Quellen sprechen. Sie verwies auf die Großartigkeit des Auszuges aus der ägyptischen Sklaverei, auf die Absicht des Wesirs Haman im persischen Reich, die Juden zu vernichten, und das Eingreifen der Königin Esther; sie sprach von der Not und der Unterdrückung in der babylonischen Sklaverei und deren Ende; sie gedachte des ewigen Lichtes, das in der Zeit der Makkabäer-Schlachten brannte. Es gab keine Stelle in der biblischen Geschichte, die sie nicht beschworen hätte, um Hoffnung zu entfachen, Verzweiflung zu lindern und die durch die drohende Vertreibung völlig gebrochenen Menschen innerlich zu festigen. Sie predigte ganze Tage, sprach ganze Abende, ob nun ein eisiger Wind wehte oder ob es regnete; sie achtete weder des Unwetters noch des Hungers — eine große Gestalt während der schweren Zeit des Prager Ghettos im Jahre 1605.

Am 25. des Monats Nisan starb Rivka Tikotin, nach eintägigem Ringen mit dem Tode: sie hatte sich bei starkem Frost an einem Vorfrühlingsabend erkältet, einen Tag bevor die Nachricht kam, daß es gelungen sei, die Aussiedlung zu verhindern, daß die Prager Juden in ihrer alten Heimat bleiben dürften.

Rivka wurde auf dem jüdischen Friedhof begraben, und der vierundachtzigjährige Jehuda Löw hielt an ihrem Grabe die Rede:

»Möge ihre Seele in den Bund der Lebenden aufgenommen werden. Sie möge bis zum Tage des Wiedersehens unter den Engeln weilen.«

Als die acht Tage des Sitzens in Trauer vergangen waren, schickte Jehuda Löw zu Reb Méir Tikotin und ließ ihn bitten, ihn in seinem Hause in der Breiten Gasse aufzusuchen.

»Trauert nicht, Bruder«, sagte der alte Gelehrte. »Der Herr selbst gab das Zeichen zu ihrem Heimgange: sie hätte die Gaben ihres Geistes, die sich in den Tagen unserer Not am schönsten offenbarten, danach nicht mehr brachliegen lassen können. Diese erste Predigerin ihres Volkes in unseren Mauern.«

Er sorgte dafür, daß das Buch gedruckt wurde, das Rivka Tikotin über die Pflichten der Frauen geschrieben hatte. Er fand einen Verleger, und das Buch erschien noch zu seinen Lebzeiten, zwei Monate vor seinem Tode, unter dem Titel »Die Wärterin Rebekka«.

Jehuda Löw las das jiddische Gedicht, das der Verleger zu Ehren der toten Autorin als Vorwort ihres hebräischen Buches schrieb.

Ja, sagte er dann leise zu sich selbst, sie predigte bei Tag und Nacht allen Frauen in der ganzen treuen Stadt — eine Rabbinerin, eine Predigerin, Frau Rivka gesegneten Andenkens... Wer hat je das Wunder gehört oder geschehen gesehen, daß eine Frau aus ihrem Kopf etwas geschrieben und biblische Verse und Auslegungen in solcher Fülle gelesen hätte...

Zu ihrem Andenken und zur Ehre aller Frauen sei gesagt, daß auch eine Frau Reden zur Ermahnung und gute Auslegungen zusammenstellen kann, ebensogut wie manche Männer.

Reb Méir Tikotin, tief war deine Trauer beim Heimgang deiner Tochter, aber ihr Schicksal war ein höheres. Es überlebt das Andenken gar vieler von uns — in Wirklichkeit war sie die einzige Dichterin und Predigerin unseres Volkes zu unserer Zeit.

Und Rabbi Jehuda Löw ben Bezalel küßte das Buch.

Der Rabbi und der Kaiser

Es war an einem Herbsttag. Ein nicht sehr großer Zug bewegte sich von der königlichen Prager Burg über die Kleinseite zur Karlsbrücke und von hier zur Breiten Gasse. Der Zug erweckte außerhalb der Judenstadt keine besondere Aufmerksamkeit. Kaiser Rudolf II. wünschte nicht, daß sein Besuch im Hause von Rabbi Jehuda Löw ben Bezalel in den Maashäusern der Altstadt oder in den Sälen der Paläste rechts und links des Königswegs, den der Zug passierte, zum Gesprächsstoff wurde. Die Sänfte bewegte sich auf den Wellen der Schritte jener Männer, die den Kaiser des Heiligen Römischen Reiches zum hervorragendsten Gelehrten der damaligen jüdischen Welt trugen, gleichmäßig vorwärts. Vorhänge auf beiden Seiten verdeckten das Gesicht des Habsburgers. Seit der Privataudienz, die der Monarch dem Hohen Rabbi 1592 vor seinem Weggang nach Posen gewährt hatte, waren sieben Jahre verstrichen, von denen der Gelehrte gut drei als Landesrabbiner von Polen verbracht hatte. Nun weilte er schon wieder vier Jahre in Prag, und Rudolf II. konnte seine Sehnsucht, den merkwürdigen Greis wiederzusehen, nicht bezwingen. Er hörte jetzt oft von ihm, dank des dänischen Edelmanns Tycho de Brahe, des kaiserlichen Astronomen und Astrologen, der seit dem Frühjahr in Prag für den Kaiser arbeitete. Es hieß, Tycho de Brahe lasse keinen Tag verstreichen, ohne mit dem weisen Rabbi zusammenzukommen, sich mit ihm zu beraten und mit ihm zu diskutieren. Von seinem Palast in den kaiserlichen Gärten, wo er für den Herrscher Beobachtungen der Sterne anstellte, stieg er, ein schön gewachsener Mann mit einer silbernen Nasenspitze als Ersatz für die eigene, bei einem Zweikampf verlorene, hinunter in die Judenstadt und kehrte dann über den Steilhang und das Belvedereplateau wieder nach Hause zurück. Er war bezaubert von dem gelehrten Manne, der die reifen Jahre seines segensreichen Lebens gleichermaßen dem Weistum der fünf Bücher Mosis und der Beobachtung der Sterne sowie der Naturerscheinungen widmete, daneben auch einer Tätigkeit, die Rudolf II. am meisten anzog, nämlich kabbalistischen Zauberkünsten. Mit ihrer Hilfe hatte sich der Rabbi einen Gehilfen für die Werktagsarbeiten geschaffen, einen Golem aus Ton. Nicht zu kurz kam auch die Kunst, gestützt auf Bibelworte, Bilder aus den ältesten Zeiten zu beschwören. So hatte er vor sieben Jahren auf der kaiserlichen Burg vor den Augen sämtlicher Höflinge die biblischen Patriarchen Abraham, Jizchak, Jakob und dessen Söhne auf den Plan gerufen. Als das Bild eines eilenden Sohnes von Jakob aus Mangel an Ehrfurcht Gelächter hervorrief, kam es zu einer Szene, die den gesamten Hofstaat des Monarchen in Angst und Schrecken versetzte: Die gewölbte Decke des Saales senkte sich tiefer und tiefer über die Köpfe der Anwesenden, so daß es schien, als werde sie alle erdrücken. Rabbi Jehuda Löw sprach schließlich eine beschwörende Zauberformel, mit der er die Gefahr bannte und die Höflinge aus ihrer Todesfurcht erlöste.

Kaiser Rudolf II. kannte den Lebenslauf und die Vergangenheit dieses merkwürdigen weisen Greises und Oberhaupts der »königlich böhmischen Kammerknechte«, der Juden in Prag. Jehuda Löw verriet jedoch niemandem, wie alt er war; das hinterbrachten die kaiserlichen Späher dem Monarchen mit einem Lächeln, denn auch darin lag ein Teil des Zaubers, den der Hohe Rabbi ausstrahlte. Niemand sollte sein wahres Alter kennen, war doch in seinem von Runzeln durchfurchten und mit einem Silberbart umrahmten Antlitz sein den achtziger Jahren nahes Alter schwer zu bestimmen.

Die reichverzierte Sänfte, in der die Prager irgendeinen Edelmann oder reichen fremden Kaufherrn, aber kaum den römischen Kaiser vermuten konnten, machte vor dem geräumigen einstöckigen Hause in der Breiten Gasse der Judenstadt halt. Aus dem Hause, dessen Stirnseite ein Wappen mit einem Löwen schmückte, trat ein Greis in einem weiten, pelzverbrämten Samtmantel, verbeugte sich vor dem Manne, der aus der Sänfte stieg, lüftete seinen mit einem Fuchsschweif gezierten Hut und schwenkte ihn tief bis zu den Füßen.

Das Gesicht des Alten spiegelte Achtung, aber keineswegs Devotheit, die scharfen Falten zwischen Nase und Oberlippe verrieten Charakterstrenge, der breite Mund Beredsamkeit, die hohe Stirn Scharfsinn, die klaren Augen Selbständigkeit.

»Kaiserliche Gnaden, seid in meinem bescheidenen Hause willkommen!«

Jehuda Löw geleitete Kaiser Rudolf II. durch einen schmalen, von Pechfackeln erhellten Gang in das erste Geschoß seines Hauses, wo bereits die Familienmitglieder warteten, seine Tochter mit ihrem Manne und den Kindern. Der Rabbi stellte sie dem Kaiser mit einer umfassenden Geste vor und bedeutete ihnen dann mit einem Augenzwinkern, daß sie gehen und den hohen Besucher nicht mehr stören sollten.

Auf dem Tisch war seltener südlicher Wein und Obst vorbereitet. Die beiden Männer waren nun allein.

»Eurer kaiserlichen Majestät vermag das Alter nichts anzuhaben«, sagte Rabbi Löw leise. Der siebenundvierzigjährige Kaiser stand tatsächlich in voller Manneskraft. Er trug ein schwarzes, zu einer Spitze geschnittenes spanisches Mäntelchen und gestickte, breite, nur bis zu den Knien reichende Beinkleider. Sein Äußeres war ansprechend; er war nicht groß, aber von ebenmäßigem Wuchs und in seinen Bewegungen geschmeidig. In dem blassen Gesicht des Herrschers fesselte Rabbi Löw die ungewöhnliche Höhe der intelligenten Stirn. Daß Rudolf II. mit Scharfsinn begabt war und man ihm umfassende Kenntnisse nachsagte, wußte der Rabbi sehr wohl; auch, daß dies keine der üblichen Schmeicheleien war, mit denen man die Gunst des Herrschers gewinnen wollte; der Kaiser besaß die Kenntnisse wirklich. Sein Gehabe hatte keine Spur von Herrendünkel, aber sein Gesichtsausdruck war melancholisch, und nur selten huschte ein leichtes Lächeln über seine Wangen. Seine großen, strahlenden Augen verrieten Sanftmut. Rabbi Löw hatte einen scharfen Blick: er entdeckte in ihnen eine gewisse Scheu, die er vor sieben Jahren, als er vom Kaiser auf der Prager Burg empfangen worden war, nicht gesehen hatte. Beruhten die Nachrichten auf Wahrheit, daß der Kaiser an Schlaflosigkeit und Melancholie leide, daß sein Bruder sogar behaupte, Rudolf sei wegen seines Naturells keine gute Stütze des Habsburgergeschlechtes, daß er seine Talente nicht den Regierungsgeschäften widme, sondern privaten Vergnügungen, wenn auch mit den hervorragendsten Gelehrten und allerbesten Künstlern seiner Zeit? Sicherlich, die Sorgen des Kaisers hatten zugenommen: Im Osten bedrängten die Türken Ungarn, in den Niederlanden ließ sich der Aufruhr der Stände gegen den spanischen Zweig nur mühsam niederhalten, im österreichischen Zweig machte der herrschsüchtige kaiserliche Bruder Maximilian seinen Machtanspruch immer lautstärker geltend, und das Römische Reich wurde von der Reformation gespalten. Wie sollte da der

Monarch nicht an Schlaflosigkeit leiden und nicht schwer an den Sorgen tragen, die seinen nach Schönheit dürstenden Sinn in Unruhe versetzten?

»Du bist ein guter Diplomat, Jehuda Löw... Du weißt deinem Herrscher Angenehmes zu sagen, ohne dabei auf das Negative anzuspielen, das mit so vielen Jahren der Regierung unweigerlich verbunden ist. Nicht einmal du bist älter geworden, Rabbi. Und doch wissen wir beide, daß jedes Jahr unseren Schultern eine neue Last aufbürdet, nicht wahr?« Der Kaiser erwartete nicht, daß ihm der Rabbi beipflichtete. Seine in schwarzen Seidenstrümpfen und Schuhen mit Silberschnallen steckenden Füße bewegten sich voll Unrast. Rudolf griff nach einer schweren rhodesischen Weintraube und pflückte ein, zwei Beeren ab, um sie genüßlich zu zerbeißen. »Ich weiß nur, daß ich seit unserer letzten Begegnung mehr Sorgen, aber auch mehr Schönheit kennengelernt habe.«

»Es gibt also Gerechtigkeit, die beiden Seiten der Waage halten sich in etwa im Gleichgewicht, Eure kaiserliche Gnaden. Der unsere Schritte lenkt, erleichtert das Gewicht Eurer Pflichten.«

»Und in dir, Rabbi, wächst die Weisheit. Mein lieber Astronom Tycho de Brahe sagt, daß man, wenn einmal Örtlichkeiten auf dem Mond nach jemandem benannt werden, deinen Namen nicht vergessen wird.«

»Bestimmt auch nicht den Namen Tychos de Brahe, kaiserliche Gnaden. Wir sind Freunde und beobachten gern gemeinsam den Sternenhimmel, ich nur ein Schüler, de Brahe der Meister!«

»Aber einen Golem hat er nicht geschaffen — du ja, Rabbi!«

»Sprecht bitte nicht von dem Golem, mein Kaiser!« Rabbi Löw senkte das Haupt. »Ich hätte vielleicht der Lehmerde kein Leben einhauchen sollen; vielleicht war dieses Tun, das einst nur dem Schöpfer zustand, der aus Lehm den Adam schuf, eine allzugroße Kühnheit. Darum empörte sich der Golem, als ich einmal am Vorabend des heiligen Sabbats vergessen hatte, den geheiligten *Schem* — ein Täfelchen mit dem Zeichen des Allmächtigen — aus seinem Munde zu nehmen. Deshalb ruht er heute auf dem Dachboden der Altneuschul, um nie wieder belebt zu werden, tatsächlich Lehm und nichts als Lehm, Erde, kaiserliche Gnaden!«

»Aber die Patriarchen des Alten Testaments hast du vor unseren Augen zum Leben erweckt, und es ist nichts geschehen!«

»Nichts? Wie könnte ich jemals den grauenvollen Anblick vergessen, als sich die Decke des königlichen Gemachs auf der Prager Burg zu senken begann und alle Anwesenden — Eure Majestät nicht ausgenommen — zu erdrücken drohte?«

»Daran war mein Höfling schuld, der sein Lachen nicht zurückhalten konnte, als Jakobs Sohn...«

»Gewiß, vielleicht hat auch das dazu beigetragen. Aber wenn ich heute darüber nachdenke, wessen ich mich erkühnte, erblicke ich darin eine gerechte Strafe für mein Tun...«

»Und dennoch möchte ich dich um einen weiteren Zauber bitten. Ich möchte den Anfang meines Geschlechtes sehen, Rabbi!«

»Verlangt das nicht von mir, kaiserliche Majestät. Verlangt das nicht, damit Ihr es nicht selbst bedauern müßt!«

»Es ist mein Wunsch und...«

Rabbi Jehuda Löw verstand: ein kaiserlicher Befehl.

Er verbeugte sich zum Zeichen seines Gehorsams. »Ich zeige Euch, mein Herr, Eure Residenz«, sagte er resignierend. Noch bevor er weitersprechen konnte, stand Rudolf überrascht auf.

»Von hier? Über die Mauern der Kirchen und Kathedralen hinweg können wir doch die königliche Burg nicht sehen!«

»O doch! Erlaubt mir, Majestät, daß ich Euch überrasche. Und was Euren Wunsch und Befehl anbelangt, ich solle Euch die Anfänge Eures Herrschergeschlechtes zeigen, habe ich eine Bitte an Euch: Gestattet mir, daß ich zuerst aus dem dunklen Schoß längst vergangener Zeiten jene Tage heraufbeschwöre, in denen mein Geschlecht durch die deutschen Lande irrte, auf der Suche nach einem Orte, wo es bleiben und Asyl finden konnte, als es zerstreut wurde und von Gau zu Gau ziehen mußte. Nein, wahrlich, dies ist keine Dreistigkeit.« Der Rabbi schaute festen Blicks in die Augen des Kaisers, in denen er sowohl verletzten Herrscherstolz als auch Überraschung über seine Kühnheit las. »Es ist unumgänglich notwendig, Majestät, wenn ich in der Dunkelkammer des Gedächtnisses auch jene Tage beschwören soll, an welchen an den Höfen Europas zum ersten Male der Name der Habichtsburg erklang, kaiserliche Gnaden!«

»Sei's also! Heute bin ich dein Gast, und was du in deinem Hause bereitest, dem passe ich mich gerne an.«

Der Kaiser ergriff ein Glas Wein, und der Rabbi, der Geste seines Gastes folgend, nahm das zweite.

»Auf deine Kunst, vergangene Zeiten lebendig zu machen, Rabbi!« Der Kaiser trank ihm zu.

»Auf Eure Leutseligkeit, kaiserliche Gnaden, aus der heraus Ihr auch bereit seid, das kennenzulernen, was niemandem bekannt und was nicht angenehm ist!« Mit diesen Worten hob der weißhaarige Rabbi Jehuda Löw sein Weinglas an die Lippen.

Dann führte er seinen Gast durch ein enges Treppenhaus auf den Dachboden hinauf, öffnete eine Tür und ließ den Kaiser in einen nicht sehr großen, dunklen Raum treten, in den nur durch ein kleines rundes Loch ein heller Strahl von draußen drang.

Rabbi Löw hüllte den Kaiser in ein schwarzes Tuch. Auch er selbst verhüllte seinen Kopf. Und nun erblickte Rudolf II. auf der Wand der Dunkelkammer die königliche Burg, wie sie sich in der Moldau spiegelte, den unvollendeten Bau der Kathedrale zu Sankt Veit, die Türme der Georgskirche, den Wladislawsaal und auch die Bauten auf dem Opysch-Hügel, überflutet vom Glanz der Herbstsonne. Er sah es, als stünde er vor der kaiserlichen Burg, nur einige Schritte von seiner Residenz entfernt, und säße nicht weit weg davon im Judenviertel, im Hause des hochgebildeten, zauberkundigen alten Rabbis.

»Das ist dir gelungen, Jehuda Löw!« Mit diesen Worten lobte Rudolf II. die Zauberkünste, die der Rabbi auf der Wand der Dunkelkammer vorführte. Der Kaiser hatte gehört, daß die Venezianer diese Zauberkünste pflegten und auf einer dunklen Wand die Bilder entfernter Gebäude reproduzieren konnten. In Mitteleuropa war jedoch Rabbi Löw der erste, der sich auf diese Kunst verstand und sie vortrefflich auszuüben wußte.

Jehuda Löw setzte sich nun dem Kaiser gegenüber und blickte ihm fest in die Augen. Nie hatte er jemandem verraten, wie es ihm bei der Audienz auf der Burg gelungen war, durch Suggestion das Gefolge des Kaisers zu beherrschen, so daß alle die Gestalten der alttestamentarischen Patriarchen vor sich sahen, und wie er die Wirkung seines Zaubers noch dadurch gesteigert hatte, daß er sie glauben machte — welches Grauen —, die Decke des Gemaches senke sich auf sie herab und werde sie alle erdrücken. Aber jetzt saßen sie allein hier, der Rabbi und der mächtige Kaiser und Beherrscher des östlichen Europas, ein Sproß jenes Geschlechtes, in dessen Reich die Sonne nicht unterging, weil auch Spanien zur Machtsphäre der Habsburger gehörte und mit ihm die unermeßlichen Gebiete im fernen Übersee mit Silberbergwerken und den Schätzen alter Reiche, welche die Konquistadoren den habsburgischen Herrschern zu Füßen legten.

Der Kaiser, im Bann der Augen Jehuda Löws, strich sich über seinen lockigen Bart und harrte des nächsten Zaubers, den ihm der in den Geheimnissen der Kabbala bewanderte Rabbi vorführen würde.

In einem tiefen Wald irgendwo im Grenzland zwischen dem Elsaß und dem Aargau fährt, von einem mageren Pferd gezogen, der Wagen zweier Brüder. Der jüngere, mit einem Schwert umgürtet, führt den Gaul sicher durch den Schnee, in dem er immer wieder bis zu den Knien versinkt; der ältere schreitet neben dem Gefährt einher, besorgt um seine Frau und seine beiden kleinen Kinder auf dem Wagen und bestrebt, ihnen den beschwerlichen Weg so angenehm wie möglich zu machen. Da taucht hinter dem Wagen ein Rudel Wölfe auf und bedroht die Reisenden. Der jüngere Bruder tötet einen stattlichen Wolf mit einem Schwertstreich; der verheiratete Bruder, im Gesicht Rabbi Löw nicht unähnlich, wehrt sich gegen den Angriff des Rudels ebenso tapfer mit einer schweren Keule und läßt so manchen der Wölfe tot in den Schnee sinken. Endlich sind sie gerettet. Nun kann man auch dem Mann mit dem Schwert besser ins Gesicht sehen. Er hat eine scharfgeschnittene Adlernase, eine hohe Stirn, eine dicke Unterlippe, einen gelockten Bart und blondes Haar.

Seine Gesichtszüge erinnerten den Kaiser an jemanden, die Ähnlichkeit war so verblüffend, daß er nicht wagte, seine Gedanken auszusprechen.

»Das sind meine Ahnen, kaiserliche Gnaden! Sie haben sich vor der hungrigen Meute der Wölfe gerettet und suchen nun ein Asyl. Sie mußten Frankreich verlassen und wandern jetzt gegen Osten, um einen Beschützer zu finden, unter dessen Herrschaft sie im Glauben ihrer Väter leben können!«

In der von Rabbi Löw beherrschten Gedankenwelt des Kaisers folgte eine neue Szene aus der Geschichte von Löws Vorfahren: Der Wagen der Flüchtlinge hat vor dem Tor eines mit festen Mauern bewehrten Klosters haltgemacht, das von Wiesen voller Frühlingsblumen und Weingärten umgeben ist. Der jüngere Bruder klopft an das Tor, er will um ein Obdach bitten. Weit und breit gibt es hier keine andere menschliche Behausung. In der Pforte des Klosters zeigt sich ein Mönch. Er erblickt die Reisenden und erkennt an ihrer Kleidung, daß sie aus Frankreich vertriebene Juden sind. Mit knappen Worten bietet er den Ankömmlingen schützendes Obdach an, allerdings unter der Bedingung, daß sie den Glauben annehmen, zu dem sich die Mönche bekennen.

Der Mann mit der Adlernase und der dicken Unterlippe verneigt sich zum Zeichen, daß er die Bedingung erfüllen wird. Er ist des unsteten Wanderns von Ort zu Ort müde, hat man ihnen doch überall, wohin sie bisher gekommen sind, ein Obdach verweigert. Er will ein festes Dach über dem Kopf haben, will nicht ewig verfemt und vogelfrei bleiben, selbst um den Preis, daß er seinen Glauben aufgeben muß.

»Du wirst mit dem Schwert herrschen, mein Sohn!« sagt der Abt des Klosters zu dem fügsamen Ankömmling, wobei er im Geiste dessen mächtige Gestalt mißt. »Wir werden dir den Schutz dieser Landschaft anvertrauen, weil wir als Mönche nicht mit dem Schwert umgehen dürfen!«

Der verheiratete Bruder mit den Gesichtszügen des Rabbi Löw lehnt die Bedingung, den Glauben der Väter zu verleugnen, entschieden ab. Er setzt mit Frau und Kindern noch in der Dämmerung und trotz eines drohenden Sturms den Weg ins Unbekannte fort. Nach einigen schweren Reisetagen erreicht er die Stadt Worms, wo er endlich ein Obdach findet.

»Ihr habt die Vergangenheit meines Geschlechts geschaut, kaiserliche Gnaden!« sagte der Rabbi leise.

»Nun erfülle dein Versprechen und zeige mir die Vergangenheit meines Geschlechtes, Jehuda Löw!«

Und der Kaiser erblickte einen alten Mann mit Adlernase und dicker Unterlippe, den man, umgeben von zahlreicher Verwandtschaft, in einem offenen Sarg zu Grabe trug. Der Verblichene war Guntram der Reiche, Stammvater des Habsburgergeschlechtes. Seine Söhne und Enkel wurden Schutzherren des Klosters in Muri, das ihn vor Jahren aufgenommen hatte. Unweit davon stand auf schroffem

Fels über dem Aarflusse eine feste Burg, die aussah, als sei sie nur Raubvögeln, kühnen Seglern der Lüfte, zugänglich. Nicht umsonst führte sie den Namen Habichtsburg. Einer der Enkel, Werner mit Namen, war Bischof von Straßburg; gemeinsam mit seinem Bruder Radebot, Graf von Klettgau, hatte er die Burg erbaut, nach der das Geschlecht den Namen Habsburg annahm. »Sie sind die Begründer der Macht Eures Geschlechtes, Majestät, das die Königsthrone von Böhmen, Ungarn und Spanien bestieg, Europa beherrschte und dessen Allerersten nun die Krone des Heiligen Römischen Kaiserreiches ziert!«

»Und dein Geschlecht, Rabbi?«

»Zusammen mit anderen Genossen im Glauben gründeten meine Vorfahren in Worms eine Synagoge. Jahrhunderte später schleppten sie sich wieder von Stadt zu Stadt. Von Worms nach Prag und Posen und wiederum nach Prag. Und wo sie enden werden, das ist dem Ratschluß des Allerhöchsten überlassen.«

Der Kaiser sprach nicht aus, woran er dachte. Zwei entfremdete Zweige, von denen sich der eine nicht zum andern bekennen will und nicht bekennen darf. Unser Zweig hat ihre Emsigkeit, aber wir glauben an einen anderen Gott. Wir haben ihre positiven und ihre negativen Seiten in uns; genau wie sie werden wir um unserer Vorzüge willen gehaßt und nach unseren Fehlern bewertet. Wir jedoch sind vom Willen zu herrschen beseelt, während ihnen die Demut der Dienenden gegeben ist. Wie wird sich die Zukunft gestalten?

Warum schützen wir nicht die, von denen wir abstammen? Vielleicht weil niemand aussprechen und niederschreiben darf, wie die Vergangenheit war, damit sie uns nicht zur Schande gereiche? Aber gereicht es unserem Herrn zur Schande, daß er dem gleichen Blut entstammte? Von den Lebenden kennt niemand die Wahrheit. Nur deshalb zeigte sie mir dieser wunderliche Zauberer der Kabbala, der die dunkle Kunst beherrscht, in einem Augenblick, wo ich lediglich Gast in seinem Hause und nicht Herr über ihn bin. Er ist zu klug, um zu reden, und er weiß, daß ich weise genug bin, ebenfalls kein Sterbenswort über das zu verlieren, was er auf die Netzhaut meiner Augen gezaubert hat.

Rudolf II. erhob sich schweigend. Während meiner Regierung wurden sie nicht verfolgt und werden sie nicht verfolgt werden. Das gelobe ich stillschweigend diesem Greis. Was nach mir kommt, kann nicht ich bestimmen. Welchen Ruf mein Geschlecht dereinst in den Augen der Geschichte haben wird, hängt von meinen Nachfolgern ab. Doch was wird mit diesen Verfemten, diesen königlichen Kammerknechten geschehen? Werden sie sich einmal zur Blutsverwandtschaft der beiden Zweige bekennen, die schon längst unterschiedliche Wege gehen und sich völlig entfremdet haben? Oder werden sie davor zittern, um nicht die Wahrheit aussprechen zu müssen, daß die dem Glauben der Väter Treuen auf Wege der Verfolgung geführt worden sind, die von ihm Abgefallenen aber auf Wege des Sieges und Ruhmes? Wer wird überleben, wir oder sie?

Jehuda Löw geleitete den ernst blickenden, schweigsamen Herrscher zur Schwelle des Hauses. Dort streckte ihm Rudolf II. huldreich die Hand entgegen, damit er den kaiserlichen Ring küsse.

Auf dem Weg zur königlichen Burg dann sprach der Kaiser kein Wort. Er war in tiefes Grübeln versunken.

Morenu ha-Raw und das Mädchen Abisag

Das achte Jahrzehnt im Leben des Rabbis Jehuda Löw ben Bezalel ging seiner Vollendung entgegen. Während der Rabbi eine Arbeit nach der anderen abschloß, begann das Alter seine aufrechte Gestalt zu beugen. Bald schritt er nicht mehr kerzengerade durch die Gäßchen zwischen der Altneuschul, der Klaus-Synagoge und seinem Haus in der Breiten Gasse. Er ging langsamer und stützte sich oft sogar auf einen gewöhnlichen Stock, das Haupt gegen das Katzenkopfpflaster geneigt. Aber stets kreisten seine Gedanken um ein Problem, das die Prager Gemeinde gerade beschäftigte, oder um die Lösung einer Frage, auf die er beim Talmudstudium immer wieder gestoßen war und bislang keine definitive Antwort hatte geben wollen. Ihm geschah es jetzt öfters, daß ihm — gleichsam in einer plötzlichen Erleuchtung — die Lösung früher unlösbar scheinender Probleme unversehens völlig klar wurde. Es war, als sei ein Blitz durch seinen alten Kopf gefahren, der mit seinem helleuchtenden Bogen die in Dunkel gehüllte Stelle und den jetzigen Augenblick verband und so die schon seit dreißig oder vierzig Jahren gesuchte Antwort brachte. Nicht selten wunderte er sich, daß ihm die Lösung nicht schon früher eingefallen war — sondern erst jetzt, wo seine Körperkraft im Schwinden begriffen war. Aber war es nicht ein Geschenk an das schwachwerdende Alter, das seinen Tagen nicht die Kraft eines festen Körpers entgegenstellen konnte, daß es aus den Gedanken, aus der Macht des Geistes Stärke bezog? Er begrüßte eigentlich dieses allmähliche Schwinden seiner Kräfte, solange er nur seinen Pflichten nachkommen konnte — und die erfüllte er mit unermüdlichem Fleiß. Er ließ nicht einen einzigen Gottesdienst aus; eigener Vorschrift gemäß predigte er als Oberrabbiner abwechselnd in den Hauptsynagogen der Judenstadt, wie er auch schriftlich festgelegt hatte, in Anwesenheit der Rabbiner aller anderen Synagogen. Ihm geschah es nicht mehr, daß er sich — wie einst ein einziges Mal — am Vorabend des Sabbats wegen Golems verspätete und die in der Altneuschul versammelten Andächtigen mit ihm das Lied zum Preise des Ewigen wiederholen mußten. Je schwächer er sich fühlte, desto gewissenhafter war er in der Ausübung seines Amtes. Auch wenn er nicht mehr wie früher in seiner Jugend den ganzen Tag in der hohen Talmudschule zubrachte, begab er sich doch nicht der Aufsicht über die von ihm gegründete Lehranstalt in der Klaus, und er beteiligte sich gern an der Diskussion, wenn der Studienleiter sich bei der Beantwortung einer Frage keinen Rat wußte und sich an ihn wandte. Morenu ha-Raw — unser großer Lehrer —, so nannten ihn mit ehrfurchtsvoller Verneigung die Glaubensgenossen aus der Prager Gemeinde, so grüßten ihn Rabbiner aus Krakau und Frankfurt, Posen und Nikolsburg, Bonn und Wien, die eigens herkamen oder ihren Reiseweg über Prag legten, um ihn begrüßen zu können, um mit ihm zu sprechen und aus der Unterredung Anregungen für ihre Arbeit unter den Glaubensgenossen der ganzen Welt zu schöpfen. Und so wiederholten sich die Worte der Begrüßung, wenn Besucher sein Studierzimmer im Hause in der Breiten Gasse betraten, wenn sie ihn am Vorabend des Sabbats an der Schwelle der Altneuschul empfingen oder ihn frühmorgens — wenn man wußte, daß er in die Talmudschule kommen würde — in der Klaus erwarteten. Er konnte die Worte aus ihren Augen ablesen, noch bevor sie über ihre Lippen kamen. Menschen gleichen Sinnes gebrauchen die gleichen Worte, wenn die gleichen Gedanken sie verbinden; alles wiederholt sich, und nichts Neues kommt zutage; Rabbi Löw kannte seit seiner Jugend diese Ansicht des hochgelehrten Rabbi ben Akiba, dem es gelungen war, dank der Kraft seines Geistes ganz allein den Grundstein zu einem Kommentar des Gesetzes zu legen.

Rabbi Löw wußte dies allerdings auch aus eigener Erfahrung. Selbst wenn es sich nur um eine Kleinigkeit im Gesamtkomplex der Weisheit handelte, konnte er von sich sagen: »Wer nicht mit Rabbi Akiba übereinstimmt, der handelt so, als wollte er von seinem Leben Abschied nehmen.« Nicht einmal in dieser unerheblichen Wahrnehmung war etwas Neues, dennoch war er im Inneren stolz auf sie. Wenn er die Ehrungen der Menschen aus nah und fern, die vor ihm standen, entgegennahm, senkte er stets den Kopf. Nicht bloß aus Bescheidenheit, sondern auch, um ein leichtes Lächeln zu verbergen, das seine Lippen ob der Beschränktheit menschlicher Gedanken und Worte umspielte...

Die Tage überstand der fast achtzigjährige Greis Jehuda Löw ben Bezalel gut; weit schlimmer waren die Nächte, denn er fror viel, und das nicht nur im Winter. Zur Winterszeit brannte im Kachelofen der großen Stube, wo des Rabbis einfaches breites Bett stand, ein gewaltiges Feuer, genährt von harzduftendem Holz aus den Pürglitzer Wäldern, das ihm Bürgermeister Maisl freundlicherweise beim Verwalter der königlichen Güter besorgt hatte. Die Scheite, bis in das letzte Äderchen voll schweren Harzes von Kiefern oder Fichten, prasselten fröhlich, als ob sie, wenn die lodernden Flammenzungen sie beleckten, miteinander Zwiesprache hielten. Rabbi Jehuda Löw ließ im Winter die Bettstatt in einen Winkel der Stube rücken, weiter vom Fenster weg und näher zum Ofen. Von hier sah er ganz klar das Wappen seines Geschlechtes mit dem Löwen, das die mittlere Kachel oberhalb der Feuerstätte zierte. Rabbi Löw bat außerdem seine Enkelin, nachts über das leichte Federbett noch die weiße Schafwolldecke zu legen, die gewandte Frauenhände in dem von saftigen Weidegründen umgebenen Dorfe Ovenec — es lag oberhalb der Judenstadt, hinter dem Stollen Kaiser Rudolfs II. — aus der Schur eigener Herden gewebt hatten. Aber selbst unter zwei Decken und trotz der Wärme, die der glutheiße Ofen ausstrahlte, fröstelte es den Rabbi. In den langen Nächten schien es ihm, bevor er endlich einschlief, als kühle sein Leib von innen aus, als verflüchtige sich das Feuer, dieses wichtige Element der Kabbala, aus seinen Adern und lasse in ihnen lediglich Wasser und Erde zurück — Wasser, das allmählich erkaltete, und jene Erde, aus welcher der Mensch erschaffen wurde und zu der er wieder zerfiel.

Dank der Kenntnis des menschlichen Körpers, die ihm das Gesetz vermittelte, war er sich der wahren Ursache seines Zustandes bewußt: Er alterte, und sein Körper vermochte seine Wärme nicht mehr zu bewahren, obwohl er weiterarbeiten mußte. Nachts, wenn der Körper innerlich brannte, um Wärme und damit Kraft für das Tagwerk zu speichern, kühlte Jehuda Löw aus. Wo waren die Tage der Jugend, da er — selbst noch ein Talmudschüler — mit seinen Studienkollegen in der hohen Schule oft bis in die späten Nachtstunden über die Auslegung einer Gesetzesstelle gestritten hatte und wo etwa ein bis zwei Stunden Schlummer gereicht hatten, damit er von einem merkwürdigen Feuer durchglüht, wie es auch der kürzeste Schlaf zu entzünden vermag, erwacht war.

Ein moderner Arzt, ans Lager des altersschwachen Gelehrten gerufen, würde wohl dessen Blutdruck messen, dessen Pulsschläge zählen und eine Kreislaufstörung diagnostizieren, derentwegen die Gliedmaßen unzureichend durchblutet waren. Die Zeit des Umbruchs zwischen Renaissance und Barock wußte fast nichts über den Blutkreislauf, und doch gab es eine gewisse alte, in der Geschichte des auserwählten Volkes verankerte Erfahrung. Allerdings war es nicht Morenu ha-Raw Jehuda Löw, der auf sie verfiel, denn der alte Gelehrte dachte kaum je über sich selbst nach und konzentrierte sich nie auf seine eigene Person. Obwohl es allgemein üblich war, daß ein gelehrter Autor in der Einleitung zu seinem Buche eine Schilderung seines Lebenslaufes und seines bisherigen Schaffens gab, schrieb Jehuda Löw nie über sich. Deshalb kam ihm, dem so weisen und gesetzeskundigen Mann, die alte Erfahrung nicht in den Sinn.

Als der Winter zu Ende ging, hoffte der betagte Gelehrte, der Frühling würde sein Blut rascher pulsieren lassen. Abend für Abend saß er unter den Linden bei der Moldauschwemme, nahe der Furt an der Karlsbrücke. Aber vergebens.

Von hier sah man hinauf zum Opysch und zur Burg, wo Kaiser Rudolf II. wieder eine Reihe herrlicher Bauten durchführen ließ, bei denen auch Menschen aus der Judenstadt Arbeit fanden. Er hatte angeblich sogar die Absicht, einen großen Thronsaal errichten zu lassen, im spanischen Stil; schließlich hatte er, wie man sich erzählte, als Prinz in Madrid am Hofe des mächtigsten Zweiges des Hauses Habsburg gelebt und wäre um ein Haar Erbe der Herrschaft über das spanische Reich geworden.

Jehuda Löw saß, sich an den milden Strahlen der Abendsonne labend, an dem ruhig dahinfließenden Strom, der hier einen Mäanderbogen beschrieb. Die Sonnenstrahlen wärmten das schwarze Gewand des Rabbis, er spürte den angenehm lauen Windhauch, der von der Berglehne mit dem Lustschloß Belvedere wehte und sich dann über den Fluß hinweg zur Judenstadt drehte. Nach einem Weilchen mußte der Rabbi dann oft aufstehen und, auf seinen Stock gestützt, durch die Breite Gasse in sein Haus zurückkehren. Er fühlte sich nicht stark genug, um die Frühjahrssonne auszuhalten, obwohl sie schon längst die Heftigkeit der Mittagsstunden verloren hatte. Auf solche Abende folgte nicht selten eine Nacht, die weit schlimmer war als eine Winternacht, weil Jehuda Löw sich seine Schwäche nicht eingestehen wollte und nicht gestattete, daß die Enkelin den Kachelofen einheizte wie im Winter. Er wollte sein Unbehagen durch seine Willens- und

Entschlußkraft überwinden. Aber er quälte sich nur. Zähneklappernd lag er unter dem Daunenbett — die jüdischen Federschleißerinnen brachten für den Oberrabbiner die feinsten Daunen — und schlief erst, durch Kälte und Schlaflosigkeit entkräftet, gegen Morgen ein.

Eines Nachts hörte seine Enkelin Jajra, die Jehuda Löw nun den Haushalt führte, weil seine Tochter Dwojra mit ihrem Mann, Rabbi Isaak, schon einige Jahre in Polen lebte, wie der Großvater ächzte und stöhnte. Sie öffnete leise die Tür zur Stube, wo Jehuda Löw mit offenen Augen im Bett lag, das Daunenbett bis ans Kinn hochgezogen und doch zähneklappernd.

»Seid Ihr krank, Großvater?« Sie berührte seine Stirne, und ihre Hand zuckte vor Schreck zurück: die Stirn des Rabbis war eiskalt.

»Mir ist kalt, mein Kind, und ich kann mich nicht erwärmen!« gestand der Rabbi, den plötzlich nicht nur alle Kräfte verließen, sondern der auch seinen Stolz verlor, der ihm bisher verwehrt hatte, seine Ohnmacht einzugestehen.

Jajra heizte sofort im Ofen ein und legte auf das Daunenbett wieder die Wolldecke, die sie zu Beginn des Frühjahrs weggeräumt hatte, um sie im Herbst dann von neuem hervorzuholen, damit sie dem Großvater an den kühlen Abenden wieder gute Dienste leiste. Ein wenig halfen die Wärme des Feuers und die beiden Decken. Von dieser Nacht an heizte sie bis fast in den Sommer den Ofen. Bevor der Greis zu Bett ging, legte sie noch zwei harzduftende Holzscheite von Baumstümpfen auf, damit das Feuer bis in die Morgenstunden aushalte. Dennoch machte die Kälte Jehuda Löw von Zeit zu Zeit zittern, und er wachte schwächer auf, als er zu Bett gegangen war.

Jajra ließ sich durch seine Worte, daß das nichts bedeutet, nicht täuschen. Sie bemerkte Großvaters bleiche Wangen, seine infolge von Schlaflosigkeit ständig zitternden Augenlider, die sich immer tiefer eingrabenden Runzeln und den müden Zug um seine Augen. Ihre Eltern waren viel zu weit weg, als daß sie deren Rat hätte einholen können. Der Großvater kam ihr ungeachtet seiner Gelehrtheit und seines Ruhmes wie ein großes Kind vor, das man fest an der Hand nehmen und über einen seichten Bach führen müsse, damit es nicht darin ertrinke.

Sie vertraute sich mit ihren Sorgen wegen Großvaters Gesundheit zweien seiner Freunde an, von denen sie wußte, daß sie sie nicht verraten würden. Der erste war Reb David Gans, Löws Schüler, der oft zu Besuch kam. Mit seinem Lehrer und Oberrabbiner verband ihn neben dem Interesse an Löws Schaffen und am Talmudstudium auch die Liebe zur Astronomie. Hatte sich doch Rabbi Löw vor Jajra mehr als einmal lobend geäußert über Gansens noch in der Handschrift liegendes Werk »Nechmad We-naim« (Das Liebe und Angenehme) — als Arbeit eines gelehrten Erforschers nicht nur der Geschichte, sondern auch der Astronomie. Und hatte nicht der Großvater selbst Reb David Gans geraten, aus dem umfangreichen Werk ein Exzerpt mit dem Titel »Davids Stern« zusammenzustellen, um so seine Gedanken einem breiten Leserkreis zugänglich zu machen? Reb David Gans verkehrte doch wie der Großvater mit den Astronomen am Hofe Kaiser Rudolfs, Tycho de Brahe und Johannes Kepler. Wer wäre berufener als er, ein so gelehrter Mann, der nicht nur des Gesetzes kundig war, sondern auch alle Geheimnisse des Himmels kannte und außerdem auch von der Heilkunde viel verstand.

Der zweite war der Frankfurter Rabbiner Isaias Horowitz, der damals als Gast im Hause Rabbi Löws weilte. Er stammte aus Prag, war jedoch nur zu einem kurzen Besuch hierhergekommen. Die Gastfreundschaft, die ihm von Rabbi Löw als Ausdruck der Wertschätzung seiner Bildung und des hervorragenden Rufes seines Vaters und Großvaters angeboten war, hatte er annehmen müssen. Isaias' Großvater, Sabataj Scheftel Horowitz, war Vorsteher der Altneuschul gewesen, als Löw einst als Knabe nach Prag gekommen war. Der Prager Oberrabbiner hatte sich während seines Lebens nicht selten den talmudischen Schriften und kabbalistischen Arbeiten Sabataj Scheftel Horowitz' zugewandt. Isaias' Vater, Reb Abraham Schefteles, hatte ebenfalls einige Schriften über den Glauben verfaßt, die sich in Löws großer Bibliothek befanden. Die Kenntnisse der Enkelin Löws reichten allerdings nicht so weit, daß sie sie hätte lesen können. Mit Reb Isaias Horowitz konnte Jajra direkt über Großvaters Krankheit sprechen, als sie im Gästezimmer das Frühstück für ihn vorbereitete. War Großvater tatsächlich krank? Handelte es sich nicht eher um eine körperliche Schwäche, die sie scharfsinnig als selbstverständliche Alterserscheinung deutete, der man vielleicht irgendwie zu Leibe rücken konnte, um Großvater wieder zu seiner einstigen Kraft und Festigkeit zu verhelfen.

Sowohl David Gans als auch Isaias Horowitz — der erste war etwa sechzig, der zweite ungefähr fünfzig Jahre alt — hörten Jajras Worten aufmerksam und schweigend zu. Sie ließen sich von ihr genau schildern, was sie in den letzten Monaten an ihrem Großvater beobachtet und was ihr die Frühjahrsnacht noch bestätigt hatte. Weder der eine noch der andere äußerte eine Ansicht. Beide versprachen Jajra, über die Sache nachzudenken. Vielleicht werde sich ein Weg finden, so meinten sie, dem großen, weltweit bekannten und ihnen so teuren Gelehrten auch in dieser Sache zu helfen, gegebenenfalls gegen seinen Willen oder, besser gesagt, ohne sein Wissen. Jajra hatte nicht den Mut gehabt, noch eine dritte Person ins Vertrauen zu ziehen, wie sie ursprünglich beabsichtigt hatte: Mordechaj Maisl, den Bürgermeister der Judenstadt, Großvaters Freund, der Rabbi Löws Ratschläge in der Gemeinde in die Tat umsetzte, den klugen Finanzmann, dessen Scharfsinn und Weitblick schon längst auch außerhalb der Judenstadt und sogar am kaiserlichen Hofe bekannt waren. Die Beamten des Habsburgerkaisers wußten angeblich den Weg in Maisls Haus stets zu finden, wenn in den kaiserlichen Kassen Ebbe herrschte.

Reb David Gans wandte sich nun gemeinsam mit Löws Gast Reb Isaias Horowitz, dem Nachkommen des berühmten Prager Geschlechtes, an Mordechaj Maisl um Rat, wie in dieser Angelegenheit zu helfen sei. Sie fragten ihn als das Haupt der Prager jüdischen Gemeinde, als den Mann, der ohne Rücksicht auf Löws Funktion des Oberrabbiners oder seinen Ruhm und seine Weisheit Einfluß auf ihn ausüben konnte, wobei das gegenseitige Verhältnis, Überordnung oder Unterordnung, nicht ganz klar war und eher durch die persönlichen Eigenschaften und Beziehungen der beiden hervorragenden Männer bestimmt wurde.

Die ganze Angelegenheit war ungeheuer delikat. Weder Maisl noch die beiden Gelehrten erwarteten von den Wundärzten wirksame Hilfe. Einen Trank aus Kräutern zu brauen, wenn jemand Magenweh hatte oder in seinen Eingeweiden ein Krampf wütete, darauf verstanden sie sich. Aber Morenu ha-Raw, unser großer Lehrer, litt keine Schmerzen und war eigentlich gesund. Einen Aderlaß? Blutegel einem Menschen ansetzen, der — falls dies überhaupt im Bereich der

Möglichkeiten der Wundärzte lag — eher mehr Blut brauchte? Oder sogar junges, ganz neues Blut, wie es bisher noch niemand, nicht einmal durch die höchste Gnade des Ewigen, erhalten hatte? Die Beratung der drei weisen, erfahrenen Männer führte zu keinem Ergebnis. Ihre Gehirne waren von einem einzigen Gedanken beherrscht, es sei auch das Los Rabbi Jehuda Löw ben Bezalel, als sterblicher Mensch einmal hinscheiden zu müssen, und dies seien die ersten Zeichen, mittels derer ihm der Schöpfer anzeigen wolle, daß sich das Ende seines Erdenwaltens nähere.

Plötzlich sprang Reb David Gans von seinem Sitz auf. »Das Mädchen Abisag!« stieß er hervor.

Mordechaj Maisl sah ihn eine Sekunde fragend an, dann hatte auch er begriffen: Wie ein Blitz durchfuhr seinen Kopf die Erinnerung an das Alter des Königs von Judäa. Und der gleiche Gedanke erhellte in diesem Augenblick auch das Gesicht des Dritten im Bunde, des Rabbis aus Frankfurt.

»Sehr richtig«, sagte Isaias Horowitz, »das Mädchen Abisag nach dem Beispiel des Königs David...«

Da König David alt war und seine Glieder ermüdet, durchdrang seinen Körper die Kälte so, daß den Greis nichts zu erwärmen vermochte. Weder Tränke noch Salben halfen, nicht einmal ein Feuer aus Zedernholz vom Libanon, welches das königliche Gemach mit Wärme und Wohlgerüchen erfüllte. Und da brachten ihm die königlichen Räte Abisag, ein liebliches junges Mädchen, das ihn nachts mit der Wärme ihres Leibes wärmte. König David erlebte ein hohes Alter, aber als Mann erkannte er das Mädchen Abisag nicht. Eine gewagte und dabei keusche Historie, wahrhaft würdig des Rufes, den der Dichter der Psalmen genießt. Nach Sauls schöner Tochter Michail, nach der stürmischen Liebe zu Bathseba, dem Weibe des Urias, und der Gefühlsbindung an Nabals Abigail, die ihm im Feldlager heimlich Essen brachte, schließlich die schöne Jungfer Abisag, der sich der König als Mann nie näherte, obwohl er ihr körperlich so nahe war.

Abisag war zweifelsohne schön, entbrannte doch nach Davids Tod eine heftige Fehde zwischen seinen beiden Söhnen, die nach ihr Verlangen trugen, als Braut und künftiger Königin.

Jehuda Löw jedoch glich, was die Beziehung zu Frauen anbelangte, König David in keiner Weise. Er hatte seine erste Frau weise gewählt und war nach ihrem Hinscheiden Witwer geblieben, obwohl er seine Wahl unter den besten jüdischen Mädchen hätte treffen können. Er blieb allein mit seiner Tochter, vertrug sich gut mit seinem Schwiegersohn Rabbi Isaak, war von zahlreichen Enkeln umgeben, und nun, seit Rabbi Isaak mit seiner Familie in Polen lebte, sorgte die Enkelin Jajra gewissenhaft für sein Wohl. Also konzentrierte sich Rabbi Jehuda Löw auf sein Wirken in der Gemeinde, nicht aber auf die Schönheit der Frauen. Vor etwas mehr als zwanzig Jahren war in der Judenstadt verstohlen das Gerücht umgegangen, die verwitwete Rebekka Karpeles, Tochter des Gerbers Krása aus dem Eckhaus am Fluß, habe ein Auge auf den Gelehrten geworfen. Der weise Hohe Rabbi hatte Rat gewußt und es verstanden, als Ehestifter der Vereinsamung der schönen Witwe ein Ende zu bereiten: Rebekka Krása und der von Rabbi Löw hochgeschätzte Kenner der Lehre, Popers, hatten eine neue Familie gegründet... Aber was nun, wo der greise Morenu ha-Raw an der Schwelle seines achtzigsten Lebensjahres stand?

»Und dennoch!« sagte leise, gleichsam für sich selbst, der Gemeindevorsteher Mordechaj Maisl. »Richtig. Das Mädchen Abisag!«

David Gans und Isaias Horowitz sahen ihn fragend an. »Jawohl, wir bringen ihm unsere Abisag!« erklärte der Bürgermeister, nunmehr schon mit fester Stimme.

Sie hieß nicht Abisag. Ihr Name war Eva, was Mutter der Mütter bedeutet. Sie war eine Waise nach dem frommen und gebildeten Abraham ben Juda, von Kindheit an ohne die Fürsorge der Mutter aufgewachsen und seit dem Tode des Vaters als Vollwaise auf den Erwerb durch ihrer Hände Arbeit angewiesen: unter anderem machte sie Stickereiarbeiten zur Ausschmückung der Synagogen. Eva hatte leider von der Mutter, die halb blind gestorben war, schwache Augen geerbt, und die anstrengende, präzise Stickereiarbeit beim flackernden Scheine der Fackel trug bestimmt nicht zur Besserung ihrer Sehkraft bei. Sie nähte mit Seidenfäden Widmungen auf Thoravorhängen, Thoramäntelchen und Thorabinden auf, die fromme Menschen dem Gotteshause anläßlich wichtiger Ereignisse in ihrem Leben widmeten, wie zum Beispiel bei der Geburt eines Sohnes oder der Heirat einer Tochter. Und aus den offenen Händen des freigebigen Mordechaj Maisl flossen ständig Geldsummen für die Ausschmückung der von ihm neugegründeten Schul. Wären ihre Augen nicht so schwach und schonungsbedürftig gewesen, hätte Eva bis an ihr Lebensende Arbeit in Hülle und Fülle gehabt.

Von ihrem Vater hatte Eva Frömmigkeit und feine Sitten geerbt. Als sie in ihrem achtzehnten Lebensjahr infolge der filigranen Arbeit kaum mehr sehen konnte, machte sie Bürgermeister Maisl zur Leiterin des Gemeindewaisenhauses für Mädchen.

»Sie ist eine Waise…«, sagte Mordechaj Maisl nun zu den beiden anderen Männern, »und halb blind!«

Warum sind Waisenkinder so häufig blind oder halb blind, krank oder mit einem Gebresten behaftet? ging es dem Frankfurter Rabbi durch den Sinn. »Ist sie sonst gesund?« fragte er.

»Gesund und eigentlich hübsch. Aber wer würde sich…« Reb Gans, der Eva kannte und schon bei den ersten Worten Maisls erraten hatte, an wen der Bürgermeister dachte, sprach den begonnenen Satz nicht zu Ende. In der Tat, wer würde unter den schweren Existenzbedingungen in der Judenstadt ein fast blindes, wenn auch frommes, hübsches und arbeitsames Mädchen zum Weibe nehmen, das für den Mann auf dem gemeinsamen Lebenswege nur eine Belastung bedeutet hätte? Ruhte doch auf der Ehefrau die gesamte Last des Haushalts, ja, nicht selten des gesamten Unterhalts, beispielsweise wenn der Mann das Talmudstudium betrieb. Aber auch der Mann, der Verdiener war, brauchte eine tüchtige Frau mit geschickten Händen, die in allen Hausarbeiten bewandert und fähig war, die Kinder zu erziehen. Was sollte man mit einem halb blinden Mädchen anfangen? So fragte jeder jüdische Vater, der auf der Suche nach einer Braut für seinen Sohn war. Was sollte man mit einem armen Mädchen anfangen, das selbst im Haushalt eine Hilfe brauchen würde? Und dann: Würde Eva wenigstens der Rest des Augenlichts erhalten bleiben, würde sie nicht völlig erblinden, da ihre Familie nun einmal von diesem Übel heimgesucht war? Maisls Entscheidung, Eva mit der Leitung des Mädchenwaisenhauses zu betrauen, fand seinerzeit allgemeine Zustimmung. Im gewöhnlichen Leben gab es für Eva keinen Platz und keine Hoffnung. Mordechaj Maisl wußte noch mehr über Eva, er wußte, daß sie klug und von Lebenswillen erfüllt war, daß sie sich ihrem Schicksal nicht ergab, sondern bemüht war, es zu meistern. Alle Schwachen fanden bei ihr eine hilfreiche Hand, sie widmete sich der Erziehung von Waisenkindern, denen Gottes Huld und Gnade nicht in vollem

Maße zuteil wurde. Sie war opferfreudig, in Wort und Tat von inniger Inbrunst beseelt, als würde in ihrem Innern ein Feuer lodern. Verriet denn nicht schon ihr Händedruck, daß sie sich trotz ihres Gebrechens nicht unterkriegen lassen wollte? Der Beratung der drei entsprang ein Plan, in den man vor allem Löws Enkelin einweihen mußte, zumal die Angelegenheit keinen weiteren Aufschub vertrug.

Jajra war damit einverstanden, daß Eva die Stelle im Waisenhaus aufgeben und in das Haus Rabbi Löws übersiedeln sollte, als ihre Hilfe bei der Führung des Haushalts. Jajra würde dem Großvater erklären, daß ihre Kräfte nicht mehr ausreichten, alle mit dem Haushalt verbundenen Arbeiten allein zu bewältigen, daß sie eine Hilfe brauche. Dem schwachsichtigen Mädchen würde durch diese Anstellung das schwere Los erleichtert, denn in letzter Zeit hatte sich gezeigt, daß bei der Leitung des Waisenhauses doch nur eine völlig gesunde, durch kein Gebrechen behinderte Person am Platze war. Im Haushalt Löws dagegen sollte Eva ausschließlich Arbeiten verrichten, die ihrem Sehvermögen angemessen waren.

Bevor sich der greise Gelehrte an die Anwesenheit einer neuen Person im Hause gewöhnt hatte, würde der Sommer, der an sich eine Besserung seines Gesundheitszustandes bringen sollte, vorüber sein.

Der Gesundheitszustand des Gelehrten besserte sich im kommenden Sommer tatsächlich. Als sich Eva in Löws Haus in der Breiten Gasse eingewöhnt und der alte Herr sich an sie gewöhnt hatte, unternahm Maisl plangemäß den nächsten Schritt. Um Hilfe bat er hierbei den berühmten Arzt der Judenstadt, Isaak, von dem Rabbi Löw seinerzeit das Haus in der Breiten Gasse gekauft hatte, und auch Reb David Gans.

Die drei Männer sprachen umständlich und äußerst behutsam mit Jehuda Löw; nur in winzigen Schritten, überaus vorsichtig, näherten sie sich allmählich dem eigentlichen Gegenstand des Gespräches. Dessen Zweck war, den frommen, hochgeschätzten Mann zu überzeugen, daß das, was der Ewige einmal für den unter ständiger Kälte leidenden, fröstelnden Leib des alten Königs David als Erleichterung erlaubt hatte, für ihn, Rabbi Löw, nicht schlecht sein konnte. Zweifellos war es die Absicht des Schöpfers gewesen, den ihm liebwerten König möglichst lange am Leben zu erhalten, und deshalb hatte er ihm das

Mädchen Abisag gesandt, damit sie das Lager mit ihm teile und ihn wärme. Warum sollte man nicht in der Prager Judenstadt ein keusches, reines Mädchen suchen, das ohne jeden unreinen Gedanken, einzig um des großen, gottgefälligen Zweckes willen, bereit wäre, in den langen Winternächten den erkaltenden Körper des hochgelehrten Jehuda Löw zu wärmen?

Noch war nicht die geringste Andeutung gefallen, wer diese neue Abisag sein sollte, da erhob der greise Gelehrte seine Stimme zu heftigem Widerspruch.

»Mir sind längst alle unreinen Gedanken fern«, sagte Jehuda Löw zu den drei Männern, obwohl er in ihren Augen einzig den Wunsch las, ihm zu helfen. »Was aber«, fuhr er fort, »wenn einmal eure Abisag sich selbst nicht beherrschen sollte? Werde ich dann das Zehngebot des Ewigen überschreiten? Der Versuch, ja der bloße Gedanke daran wäre schon eine Sünde. Meine teuren Freunde, denkt bitte auch darüber nach«, bat er leise, wobei er mit einem unbeschriebenen Blatt Papier spielte, das vor ihm lag.

Alle schwiegen.

»Ihr habt recht«, beendete Jehuda Löw nach einer Weile selbst das Schweigen. »Ihr seid Abgesandte des Allmächtigen, sonst hätte er die Schritte von drei so hochgelehrten Männern nicht in mein Haus gelenkt. Ihr kommt im Namen des Guten und Hilfreichen — und gut ist auch euer Gedanke, rein euer Sinn. Möge auch mein Sinn rein bleiben, und möge um eurer Gedanken willen auch die Zukunft meinen Namen nicht mit etwas Schmachvollem belasten. Wer ist eure Abisag?«

Jetzt erfuhr er, daß sie schon einige Monate in seinem Haus wohnte, seine Lebensgewohnheiten kannte und sich mit seiner Enkelin Jajra angefreundet hatte. Ihren Vater, den frommen, gebildeten Abraham ben Juda, sagten die drei, habe er doch gut gekannt.

Ja, in den vergangenen Monaten hatte er Eva wohl bemerkt, wenn auch sein Sinn anderswohin gerichtet war. Er hatte sich überzeugt, daß der gute Ruf, den sich Eva dank ihrer Arbeit erworben hatte, gerechtfertigt war.

Eva war ein Mädchen, um das, wäre es nicht von Blindheit bedroht gewesen, selbst der gottesfürchtigste Mann gern geworben hätte. Jehuda Löw war achtzig, Eva neunzehn Jahre alt. Er würde sie als Mann niemals erkennen, darin würde er Davids Los teilen. Aber was sich der König von Judäa erlauben durfte, das durfte sich der Hohe Rabbiner der Prager Gemeinde nicht gestatten. Andere Zeiten, andere Sitten!

»Ich nehme euren Vorschlag an, doch nur unter einer Bedingung, und die ist, daß mich mit Eva unter dem Baldachin ein richtiges Eheband zu Mann und Frau verbindet. Dann kann keines Menschen Zunge mein Beginnen als falsch tadeln, selbst wenn die Menschen in der Gemeinde darüber reden sollten. Es wäre mir aber lieber, wenn die ganze Sache unter uns bliebe. Auch Jajra soll darüber schweigen. So wird es für die Gemeinde, für Eva und für mich besser sein!«

»Amen. So geschehe es!« sagte Reb David Gans. Mordechaj Maisl und Isaak, der Arzt, wiederholten seine Worte.

Also wurde Jehuda Löw in aller Heimlichkeit mit der halb blinden Eva getraut. Einige Jahre lang wärmte sie liebevoll und ergeben mit ihrem jungen Leib die kalten Gliedmaßen des greisen Gelehrten, der sie — wie vordem König David das Mädchen Abisag — als Mann nicht erkannte. Für die Judenstadt aber blieb die halb blinde Eva die Gehilfin von Jehuda Löws Enkelin Jajra, deren Altersgenossin sie war. In der Gemeinde kamen niemals Gerüchte über eine Beziehung des Morenu ha-Raw zu dem Mädchen auf. Übrigens wußten außer den drei Bewohnern des Hauses in der Breiten Gasse nur noch Bürgermeister Mordechaj Maisl, Reb David Gans, der Arzt Isaak und der alte Rabbiner der Maisl-Synagoge, der das Paar im Hause des Oberrabbiners heimlich getraut hatte, von dem Verhältnis der in ihrem Alter so unterschiedlichen Ehegatten. Niemand anderer ahnte auch nur den wahren Sachverhalt, denn Mordechaj Maisl hatte alle an dieser sonderbaren Vereinbarung Beteiligten zu ewigem Schweigen verpflichtet.

Wenn Gäste in Löws Haus kamen, stand Löws Enkelin Jajra dem Haushalt vor, und bei solchen Gelegenheiten zeigte sich Eva nicht. Man sah sie nicht einmal bei Einkäufen in der Fleischbank, auch nicht beim Einholen in der Stadt oder an hohen Feiertagen an den Luken in der Altneuschul, durch welche die Frauen in das Hauptschiff blicken und ihre Männer beim Gebet sehen konnten.

»Das Haus Gottes ist überall, und überall wird Ihn dein Gebet erreichen!« sagte der gütige greise Gelehrte zu ihr, als der Feiertag des Neuen Jahres und der Tag der Versöhnung wieder nahten. Er hatte bisher nie ihr Haar berührt; nun streichelte er es gleichsam mit einem liebevollen Blick, bevor er sich, auf seinen Stock gestützt, zum Gottesdienst begab.

Zu Beginn des folgenden Winters erkrankte Jehuda Löw an einer akuten Lungenentzündung. Eva und Jajra pflegten ihn aufopfernd und lösten einander am Krankenbett ab, damit die eine oder die andere nach durchwachter Nacht wenigstens ein wenig ausruhen könne. Was ihr Familienverhältnis anbelangte, waren sie jetzt eher zwei Schwestern als etwas anderes; dazu trug auch der Umstand, daß sie Altersgenossinnen waren, nicht wenig bei. Es gelang ihnen, das Leben des gelehrten Rabbis zu retten.

Drei Jahre schon erfüllte Eva die Aufgabe der Wärmespenderin für die erkaltenden Glieder des Gelehrten. Sie war inzwischen zum Weibe herangereift: Die Rundungen der Schultern und Hüften waren voller, die Brüste praller, die Glieder fraulich weich geworden. Sie war eine verheiratete Frau, die bislang den Mann nicht erkannt hatte. Jehuda Löw wurde ihr von Tag zu Tag teurer, sein hohes Alter störte sie nicht, er war ihr Lebensgefährte, die seltsame Beziehung erfüllte das ganze Innere der jungen Frau. In den drei Jahren hatte sie sich immer beherrscht, um nicht durch eine allzu zärtliche Bewegung ihre Gefühle zu verraten; sie ließ Jehuda Löw nicht erkennen, daß er ihr näher stehe, als er ahne. Aber einmal — es war am hellichten Tag — gelang es ihr nicht, ihren Körper zu besiegen. Sie ertappte sich dabei, wie sie sich auf dem Dachboden des Löwschen Hauses heimlich an einen festen Pfosten aus Eichenholz schmiegte, als könne die erstorbene Wärme des Baumes die Umarmung eines Mannes ersetzen. Sich so fest an ihren Mann zu schmiegen, hätte sie nie gewagt; stets war sie sich des Abstandes bewußt und hielt in ihrer Funktion das richtige Maß. Sie lag im Bett mit offenen Augen neben ihm, ruhig und ergeben, die Wärme ihres Leibes einem Menschen spendend, der vor dem Ewigen, aber nicht in Wirklichkeit ihr Mann war.

Nach dem Erlebnis auf dem Dachboden suchte sie Reb David Gans auf und vertraute ihm an, sie könne die Wallungen des Blutes vielleicht nicht mehr aushalten oder überwinden, sie wisse nicht, was sie mit sich anfangen solle. Nie werde sie den Blick zu einem anderen Manne erheben, selbst wenn es ihr die Augen gestatteten; sie werde stets dem Mann, für den sie nur die Wärmespenderin sei, treu bleiben, aber wie solle sie das Blut, das in ihren Schläfen pochte, beherrschen? Möge ihr der weise Mann raten, was weiter geschehen solle. War es nicht die Bestimmung jeder Frau, einen Mann zu erkennen und seine Frucht zu tragen? Auch der elendsten, häßlichsten und allerärmsten Frau sei dies vergönnt! Warum nicht ihr?

Reb David Gans begriff nun, wie weise Jehuda Löw vor drei Jahren gehandelt hatte, als er darauf bestand, mit Eva unter dem Baldachin ordnungsgemäß getraut zu werden:»Was, wenn eure Abisag sich selbst nicht überwindet?« hatte er damals gefragt und diesen Augenblick vorausgesehen.

»Laß mich nachdenken, Eva«, entgegnete Reb Gans,»und komm morgen nachmittag wieder. Vielleicht wird sich ein Ausweg finden.« Lange, lange überlegte er angestrengt. Als Eva am nächsten Tag wiederkam, in tiefster Seele von Scham, Gewissensbissen und Reue erfüllt, weil sie ihm am Vortag ihr Herz so hemmungslos ausgeschüttet hatte, fand sie Reb Gans über den Text des Gesetzes gebeugt. Bebend wartete sie auf das, was er ihr sagen würde, aber er las ihr nur die biblische Erzählung von Lot und seinen Töchtern vor. Zunächst erkannte sie keinerlei Zusammenhang mit ihrem Geschick.

Als Sodom durch Schwefel und Feuer vernichtet und Lots Frau zu einer Salzsäule erstarrt war, übernachtete Lot mit seinen beiden Töchtern in einer Felsenhöhle. Da sagte die Ältere:»Meine Schwester, von den Männern, von denen wir empfangen könnten, ist keiner am Leben!« Und die ältere Schwester berauschte in der ersten Nacht ihren Vater und empfing von ihm. Und am zweiten Tag berauschte die jüngere Tochter ihren Vater und empfing auch von ihm…

»Bald werden Feiertage kommen, an denen wir alle Wein trinken werden, Eva. Wenn es der Wille des Allmächtigen ist, daß du von den Lenden unseres großen Lehrers empfangen sollst, so mache es wie Lots Töchter, sonst wird er dich nicht erkennen.«

Amen. So geschah es.

Eva empfing tatsächlich aus dem Samen Jehuda Löws, ohne daß er es ahnte. Vielleicht schien ihm diese Nacht ein Traum, mit dem ihn der Allmächtige, der Herr über Träumen und Wachen, aufgesucht hatte. Wirklichkeit konnte diese Nacht nicht sein, so urteilte er, als er wieder einen klaren Kopf hatte. Allerdings stand ihm nach diesem Traum Eva menschlich näher, er blieb jedoch bei seinem Entschluß, das Beispiel Davids und des Mädchens Abisag nachzuahmen. Eva selbst vermied es in den folgenden Nächten ängstlich, durch ein gefühlsbetontes Wort oder ein zärtliches Anschmiegen ihres Körpers zu verraten, daß sie jetzt mehr war als eine bloße Wärmespenderin, daß sie tatsächlich sein Weib geworden war.

Als aber die Zeit kam, da die Frucht, die sie unter dem Herzen trug, so weit gereift war, daß sie ihre Schwangerschaft kaum länger verbergen konnte, geriet sie neuerdings in ein Dilemma zwischen der Realität und der Rolle, die sie in Löws Haus zu spielen hatte. Man schrieb das Jahr 1603. Es war ein Tag Anfang September, in Prag kursierten freudige Nachrichten über einen Sieg der kaiserlichen Armeen über die Türken. Weder der Rabbi noch Jajra waren im Haus. Eva wußte, daß Jajra heute etwas länger im rituellen Tauchbad zubringen würde und daß der Rabbi erst am Abend aus der Talmudschule in der Klaus zurückkommen wollte, weil er mit den jungen Schülern seinen Kommentar zu Raschi durchzunehmen beabsichtigte. Eva packte ein paar Sachen zu einem Bündel und verließ das Haus.

Vorsichtig, Schritt für Schritt, ging sie durch eine Welt, in der sie sich vielleicht zum ersten Male befand. Sie durchquerte die deutsche Kaufmannssiedlung zwischen den Kirchen Sankt Klemens und Sankt Peter unweit des Moldauufers, hielt sich flußabwärts, bog aber bei den Moldaumühlen nach rechts ab und folgte der uralten Handelsstraße nach Osten, die untergehende Sonne im Rücken. Die erste Nacht fand sie Unterkunft bei einer frommen Familie in Lieben, dann setzte sie den Weg ins Unbekannte fort. Sie hatte einen etwas seltsamen Plan: Nach Krakau wollte sie wandern, wo Löws Tochter Dwojra mit ihrem Mann Reb Isaak wohnte, und den beiden alles anvertrauen. Falls sie Gnade in deren Augen fand, würde Dwojra ihrem Vater bestimmt das schreiben, von dem Jehuda Löw nichts wußte: daß die halb blinde Eva aus seinem Samen ein Kind gebären würde. Falls ihr Jehuda Löw jene Nacht verzeihT, in der sie die Grenzen des ihr Erlaubten überschritten hatte, würde sie mit dem Neugeborenen in die Prager Judenstadt zurückkehren, und Rabbi Löw würde sicher nicht zögern, der Gemeinde seine wahre Beziehung zu ihr mitzuteilen. Wäre er denn nicht stolz darauf, daß ihm trotz seines hohen Alters und seiner angegriffenen Gesundheit die Fortsetzung seines Geschlechtes durch einen neuen Sproß vergönnt war?

In diesem Jahr herrschte auf den Landstraßen Böhmens ein strenges Regime. Die Begharden, die Böhmischen Brüder, wurden verfolgt; viele flüchteten, um sich vor den kaiserlichen Soldaten zu verbergen, die auf Befehl Rudolfs II. mit aller Härte gegen sie vorgingen. Der unentschlossene Rudolf konnte sich nur so gegen seinen Bruder Matthias behaupten, der ihm den Thron streitig machte.

Eva Löw erreichte Krakau nicht. Sie wurde als Beghinin gefangengenommen, und weil sie keine Schutzpapiere besaß, die ihre wahre Identität bewiesen hätten, verlor sie ihr Leben, noch bevor sie Löws Kind das Leben schenken konnte.

Jajra war überrascht, als sie bei der Rückkehr das Haus leer vorfand. Eva war nirgends zu finden. Sie hatte keinen Bescheid hinterlassen, kein Wort der Erklärung, warum sie fortgegangen war und wohin sie wollte.

Nicht einmal Jehuda Löw hatte eine Ahnung, warum die halb blinde junge Frau, der er so viel Dank für ihre Opferfreudigkeit schuldete, sein Haus verlassen hatte. Was würde sie anfangen? Wohin war sie gegangen?

Er wandte sich an Bürgermeister Maisl, doch selbst dem gelang es nicht, festzustellen, wo sich Eva aufhielt. Zuletzt hatte man sie gesehen, als sie das Tor im Osten der Stadt passierte, aber mehr wußte man nicht von ihr.

Reb David Gans war der einzige, der die Wahrheit ahnte. Es ging jedoch um eine so ungewöhnliche, heikle Angelegenheit, daß er sich entschloß, niemandem ein Sterbenswörtchen darüber zu sagen. Sicher besser, wenn niemand erfuhr, warum ihn Eva Löw in diesem Frühjahr aufgesucht hatte und welche Folgen sein damaliger, aus der Erzählung von Lot und seinen Töchtern geschöpfter Rat wahrscheinlich auf die eigenartige, späte heimliche Ehe des hochberühmten Gelehrten Morenu ha-Raw Jehuda Löw gehabt hatte.

Aus diesem Grund erwähnte David Gans Eva Löw auch nicht in seinen Schriften, in denen er die Historie seines Volkes aufzeichnete und natürlich über die große Gestalt seines Lehrers Jehuda Löw ben Bezalel schrieb.

Die Sache hätte für alle Zukunft ein Geheimnis bleiben können, aber dies wäre bedauerlich, zeugt sie doch von der großen Weisheit, der Umsicht und dem tiefen Lebensernst Jehuda Löws. Nach und nach gelang es uns, die Geschichte aus den kleinsten Erinnerungsfäden zusammenzuknüpfen. Und wir entschlossen uns nach reiflicher Überlegung, sie diesen Seiten anzuvertrauen, um dem Leser auch die innere Menschlichkeit Morenu ha-Raws zu veranschaulichen.

Besuch beim Bürgermeister

Der Frühling lag schon in der Luft; es war Anfang März des Jahres 1601.

Das Haus des Oberrabbiners Jehuda Löw ben Bezalel in der Breiten Gasse mit dem Hauszeichen des Löwen gehörte zu den bedeutendsten Gebäuden der Prager Judenstadt. Hier kreuzten sich in dem beengten Ghetto die Straßen, die zum kürzlich erbauten Rathaus mit der hebräischen Uhr, zu der ehrwürdigen Altneuschul und zur Pinkasschul nahe des Moldaustroms führten, hier mußte man auch vorbei auf dem Weg zur Klaus, wo man die Mischna und die Gemara, die zusammen den Talmud bilden, studierte, oder zur herrlich ausgestatteten Hochsynagoge. Auf den gepflasterten Gassen — das Pflaster war eine Neuheit im Ghetto, noch vor kurzem mußte man durch Matsch und Pfützen waten — gingen alle an Löws Haus vorbei, die ihre teuren Toten auf dem nahen Friedhof besuchen wollten, und dies war auch der Weg, den die Leichenzüge aus den Trauerhäusern zum Tore des Gottesackers nahmen, der zwischen der Pinkasschul und der Klaus gelegen war. Niemand, ob lebend oder tot, konnte diesem berühmtesten und zugleich geheimnisvollsten Haus des Ghettos ausweichen.

Stand doch Rabbi Löw im Rufe, einen Golem geschaffen zu haben. Erzählte man sich doch, daß er einst einen hohen Adeligen in sein kleines Haus eingeladen hatte und daß der Gast völlig überrascht ein herrliches Schloß betrat, das sich Rabbi Löw mit Hilfe seiner Zauberkünste ganz einfach für einen Tag aus dem lieblichen Moldautal entliehen hatte.

Hatte nicht den berühmten Rabbi der nicht minder berühmte kaiserliche Astronom Tycho de Brahe besucht? Hatte nicht Kaiser Rudolf II. den Rabbi Löw ben Bezalel in Audienz empfangen, um sich von ihm die geheimnisvolle Kunst der Camera obscura vorführen zu lassen?

Der achtzigjährige Rabbi Jehuda Löw ben Bezalel verließ, begleitet von seiner Enkelin und auf einen Stock gestützt, sein Haus in gedrückter Stimmung. Nur einige Schritte weit, um die Ecke, wohnte jemand, der ihm lieb und wert war.

Auf die Begegnung mit ihm freute er sich jedes Mal, einerlei, ob er in dessen Wohnung geladen war oder ob er mit ihm in amtlicher Eigenschaft im Rathaus der Judenstadt zusammentraf: Mordechaj Markus Maisl. Der Oberrabbiner und das Haupt der Judenältesten hatten stets unmittelbaren Kontakt.

Eine Fügung des Schicksals hatte hier zwei Männer zusammengebracht, die ihre Umgebung an Umsicht und Weitblick übertrafen und schon zu Lebzeiten in hohem Ansehen standen.

Mordechaj Maisl war in der Zeit Kaiser Rudolfs II. der reichste und bekannteste Finanzier, und dies nicht bloß in der Prager Judenstadt, sondern sogar im ganzen Königreich Böhmen. Das Geheimnis seiner Erfolge war, daß er stets über genügend bares Geld verfügte, um der kaiserlichen Kasse aushelfen zu können, wenn eine Armee gegen die Türken ausgerüstet oder ein berühmtes Gemälde für die Galerie des Monarchen erworben werden sollte. Ebenso konnte Mordechaj Maisl den Wünschen seiner adeligen Klienten entsprechen, falls sie ein neues Gut erwerben oder eine ihrer Besitzungen beleihen wollten. Mordechaj Maisl hatte immer genug Geld, um Dutzenden, ja Hunderten kleiner Geschäftsleute oder Handwerker zu helfen, wenn sie ihren Laden verschönern oder ihre Werkstatt vergrößern wollten oder auch dann, wenn sie unverschuldet in Schwierigkeiten geraten waren. Mordechaj Maisl spielte — wenn auch in kleinerem Maßstab — in Prag am Ende der Renaissance die gleiche Rolle, die an ihrem Beginn die Fugger in Augsburg gespielt hatten.

Rudolf II. verlieh ihm den Titel eines kaiserlichen Rates. Die Fugger leisteten sich den Luxus, kaiserliche Schuldverschreibungen zu zerreißen oder den kaiserlichen Hof ein volles Jahr lang zu bewirten; der kinderlose Mordechaj Maisl hingegen verwendete im Einvernehmen mit seiner gottesfürchtigen Frau Frume die Erträge seines Vermögens zum Wohl des Ghettos, in dem er einst als armer Junge aufgewachsen war. Die Erfahrung des klugen Bürgermeisters und freigebigen Finanziers Mordechaj Maisl und der Weitblick des weisen Gelehrten Jehuda Löw wirkten sich zum Nutzen des Ghettos aus: Löw hatte Ideen, Mordechaj Maisl verwirklichte sie.

Die Judenstadt benötigte ein neues Reinigungsbad — und sie bekam es. Rabbi Löw hatte auf die Notwendigkeit hingewiesen, die Gassen der Judenstadt pflastern zu lassen. Und Bürgermeister Maisl gab ihm recht.

»Das Ghetto ist übervölkert, man baut die Häuser turmhoch in die Wolken und vergräbt sich wie ein Maulwurf tief in der Erde, damit alle Menschen hier ein Dach über dem Kopf haben sollen. Man teilt das Eigentum an den Häusern der Judenstadt nicht in Viertel oder Fünftel, sondern nach einzelnen Räumen. Ja, manchmal gehört eine einzige Stube zwei oder drei Familien zusammen. So sind die Wohnungs- und Rechtsverhältnisse bei unseren Glaubensgenossen. Wie oft schon bin ich bei Behörden vorstellig geworden und hab' um Linderung dieses Wohnungselends ersucht. Alles vergeblich, mein teurer Rabbi Löw! Für das Geld, wofür man im Ghetto ein Viertel des Hauses kauft, könnte man in einer benachbarten Christengasse ein ganzes erwerben. Aber das dürfen wir nicht. Die Prager Ratsherren erlauben nicht, das Ghetto zu erweitern. Was soll man da tun?«

»An die Zukunft der Menschen denken, die in diesen Behausungen schlecht wohnen, Reb Maisl. Die überfüllten Häuser haben nämlich ein Gegenstück — den überfüllten Friedhof. Habt Ihr nicht bemerkt, daß schon drei Viertel des Gottesackers mit Grabsteinen bedeckt sind? In zehn, längstens fünfzehn Jahren werden wir keinen Platz mehr haben, um unsere Toten zu bestatten. Schon jetzt sind der frühere Friedhof rings um die Pinkasschul und der Friedhof auf dem Hügel bei der Klaus in eins verschmolzen. Aber in der Nachbarschaft ist noch ein Feld, das brach liegt; das sollte man kaufen und das ganze Gelände zu einer einzigen Begräbnisstätte vereinen. Das wird in Zukunft unser aller Haus sein, Reb Maisl. Daran denkt zuerst!«

Mordechaj Maisl kaufte das Feld zu dem Beth Chajim hinzu. Der Friedhof des Ghettos reichte nun fast bis zum Ufer des Moldauflusses.

Der achtzigjährige Oberrabbiner Jehuda Löw ben Bezalel begab sich, begleitet von seiner Enkelin, zu dem heutigen Besuch bei Mordechaj Maisl mit gesenktem Haupt und mit Trauer im Herzen: Maisl war krank, Hoffnung auf Genesung gab es nicht. Ungefähr vor einem Vierteljahr hatten plötzlich seine Körperkräfte zu schwinden begonnen, allmählich war seine aufrechte Gestalt gebückt, seine Gesichtsfarbe gelblich geworden. Die Krankheit war fortgeschritten, aber niemand hatte mit Sicherheit zu sagen gewußt, wo ihr Herd steckte. Vielleicht eine kranke Leber oder die Galle? Reb Meir ben Gerson, der an der Universität in Bologna Medizin studiert hatte, hatte einen schrecklichen Verdacht geäußert: Er glaubte, daß sich im Körper des frommen und freigebigen Bürgermeisters ein Krebs eingenistet habe, der die Eingeweide des berühmten Finanzmannes verheere. Der weitere Krankheitsverlauf hatte gezeigt, daß diese Diagnose richtig gewesen war. Maisl verließ sein Haus nicht mehr, und seine Synagoge, eingebettet ins Grün der Bäume, lag ohne den Herrn verwaist da.

Vor dem Eingang zu Maisls Haus bat Rabbi Löw die Enkelin, sie möge ihn in etwa einer Stunde wieder abholen. Langsam stieg er dann die Treppe zum ersten Stockwerk hoch, und Frau Frume führte ihn an das Krankenlager ihres Gatten. Mordechaj Maisl, durch Kissen gestützt, konnte von hier wenigstens im Garten vor der Synagoge das junge Grün, diesen Vorboten des Frühlings, sehen.

Schon Maisls Äußeres bestätigte Löws böse Ahnung, daß das Ende des Bürgermeisters nahe sei. Nur die klugen Augen belebten das Antlitz des Greises, der noch vor kurzem über Menschen, Besitz und Sitten der Judenstadt geherrscht hatte.

»Seid willkommen, weiser Jehuda Löw, mein teurer und treuer Freund!«

»Auch ich begrüße Euch und füge einem jeden Gebet zum Allmächtigen die Bitte hinzu, er möge Euch, Reb Mordechaj Maisl, noch lange Jahre unter uns weilen lassen!«

»Meine Tage sind gezählt, Rabbi. Und gerade deshalb brauche ich Euren Rat heute mehr denn je. Ich will über mein Vermögen letztwillig verfügen — und nur Ihr könnt mir dabei raten, damit ich auch gleichsam nach meinem Tode das weiterführe, worum ich mein ganzes Leben bemüht war.«

»Hinterlasset Eurer Frau so viel wie möglich. Sie war fromm und freigebig, gleich, ob Ihr Eure Synagoge gründetet oder ob es sich um das Reinigungsbad handelte!«

»Das habe ich getan, Morenu ha-Raw!«

»Ihr habt einige Neffen, Söhne Eurer Brüder, eigenes Blut. Bedenkt sie reichlich, damit sie aus Liebe zum Besitz, die wohl nur wenige in sich unterdrücken können, Euch, statt zu danken, nach dem Tode...«

»Nicht schelten sollen. Nicht wahr, Morenu ha-Raw. Wie weise Ihr seid! Sie sollen das Doppelte von dem bekommen, womit sie vielleicht gerechnet haben.«

»Ihr habt eine Synagoge gegründet, die man schon jetzt nicht anders als die Maisl-Synagoge nennt. Denkt auch an ihre Zukunft!«
»Ich habe ein Legat zur Erhaltung des Gebäudes und des Gottesdienstes ausgesetzt. Auch der Rabbiner, der hier schon jahrelang wirkt, kann ohne Existenzsorgen bis in sein Alter fortfahren, aus der Heiligen Schrift vorzulesen!«
»Und vergeßt auch nicht die Armen im Ghetto. Ihr kennt ja ihr Schicksal, auch wenn Ihr selbst eine der seltenen Ausnahmen seid: Ihr habt es am weitesten gebracht!«
Rabbi Jehuda Löw ben Bezalel schwieg. Er erinnerte sich an den Traum, der — wie erzählt wird — den Schwiegervater Maisls drei Nächte lang verfolgt hatte. Maisls erste Frau war damals noch ein Mädchen gewesen, ihr Vater hatte geträumt, daß eine Münze, die er vor die Schwelle des Hauses lege, am nächsten Morgen sein künftiger Schwiegersohn aufheben werde. Und tatsächlich war jedesmal ein armer Bursche gekommen, dem der Allmächtige ebenfalls in drei aufeinanderfolgenden Nächten eingegeben hatte, er möge einen Denar holen gehen, von dem seine notleidende Familie werde ihr Dasein fristen können.
»Wir haben das Armenhaus der Gemeinde, die Krankenfürsorge. Und es sind noch viele andere Aufgaben zu erfüllen: die Waisenfürsorge, die Bestattung der Armen, die religiösen Bedürfnisse der Mittellosen, denken wir an den Seder und an die Pessachfeiertage überhaupt, die Schonkost für Wöchnerinnen, für Kranke und Schwache, die Unterstützung jener, die nicht imstande sind, sich durch eigene Arbeit zu ernähren. Dazu wären viele Tausende Gulden notwendig, Reb Mordechaj!«
Jehuda Löw kannte die wirkliche Größe von Maisls Vermögen nicht. Außer Maisl selbst wußte darüber niemand Bescheid. Allerdings mußte es ein Riesenvermögen sein, dessen Größe man sich nur schwer vorstellen konnte. Maisls finanzielle Transaktionen waren vom Glück begünstigt gewesen. Er hatte viel riskiert, fast immer einen Gewinn gemacht und nur höchst selten einen Verlust erlitten.
»Helft mir, Reb Jehuda Löw, für diese Zwecke hunderttausend Gulden zu verteilen!«
Rabbi Löw war von der Großzügigkeit dieses Legats tief beeindruckt: Wenn der Bürgermeister der Judenstadt die Armen mit einer

so hohen Summe bedenkt, dann muß sein Gesamtvermögen bestimmt fünfmal so groß sein. Seine Frau und die Verwandten wären sicher nicht damit einverstanden, wenn er sie nicht so bedenken würde, daß sie bis an ihr Lebensende königlich leben könnten.

Als ob sie Rabbi Löws Gedanken erraten hätte, erschien plötzlich Frau Frume Maisl an der Türe.

»Ist es klug, Morenu ha-Raw, daß wir mit der Größe dieses Legats für die Armen — ich weiß, daß es hier Arme gibt und daß sie bedürftig sind — auch zeigen, wieviel mein teurer Mordechaj mir und seinen Neffen hinterlassen will?«

Löw begriff sofort, daß Frau Frume einen indirekten Angriff führte und daß sie nicht alles sagte, was sie auf dem Herzen hatte.

»Klug? Ich weiß es nicht, Frau Frume. Vielleicht ist es nicht klug, wenn wir verheimlichen wollten, was die anderen bekommen. Aber vor den Neidern oben auf der Burg könnten wir sowieso nichts verheimlichen. Ich will Euch mit einer Frage antworten: ›Was ist Eurer Meinung nach in meinem Wirken von Bedeutung gewesen, Frau Frume?‹«

»Euer Ruf als Schöpfer des Golem, Reb Jehuda Löw. Dann, wie Ihr Kaiser Rudolf die biblische Vergangenheit in den Söhnen Jakobs gezeigt habt. Und wie Ihr Euren Gast überrascht habt, als er Euer Haus im Ghetto betrat und sich plötzlich in einem wunderbaren Schloß befand.«

»Nein, Frau Frume. Wer tiefer in meine Arbeiten, die äußerlich scheinbar so unterschiedlich und innerlich doch so einheitlich sind, eindringt, wird darin einen gemeinsamen, ganz andersgearteten Grundzug finden.«

Und Rabbi Löw fuhr fort: »Mein Streben war, alles, was uns der Glaube unserer Väter gibt, und das, was das Zeitgeschehen an Aufschwung mit sich bringt, Bildung, die tief unter die Oberfläche der Dinge dringt und das ganze weite Leben erfaßt, zu einem einzigen Strom zu vereinen!«

»Ja, aber welcher Zusammenhang besteht…«

»Zwischen meiner Frage und dem Testament Mordechaj Maisls, das habt Ihr doch gemeint, Frau Frume?«

Sie nickte, und der Gaon sprach weiter: »Die sich einmal dafür interessieren werden, wer Mordechaj Maisl war, werden feststellen, daß er zum größten Finanzier des kaiserlichen Hofes Rudolfs II. aufstieg, daß er wie kein zweiter alle Spielarten kühnster Finanztransaktionen beherrschte. Sie werden vielleicht noch weitere Merkmale erkennen, die das Charakterbild einer großen Persönlichkeit mitbestimmen. Aber wer wirklich erfassen wollte, wofür und womit Mordechaj Maisl gelebt hat, wird alles in Betracht ziehen, was unsere Judenstadt schön machte, trotz Raumnot, trotz Mißgunst der Umwelt, die uns als Konkurrenten in der Arbeit und im Handel und Wandel ansieht. Das jüdische Rathaus, die Hochsynagoge und die Maisl-Synagoge, das Bad, die Leichenhalle, die Pflasterung der Gassen im Ghetto und schließlich das hochherzige Legat für die ärmsten Glaubensgenossen, damit auch die Notleidenden die religiösen Gebote des Allmächtigen beachten können. Darin sehe ich den Sinn seines Lebens. Eines großen Lebens, Reb Mordechaj, das sag ich Euch, wohl bewußt der Bedeutung meiner Worte und dieses ernsten Augenblicks. Und Euch, Frau Frume, bitte ich: Wehret nicht Eurem Manne, daß er mit dieser letzten großen Spende sein Lebenswerk kröne, wobei ihm stets Leitgedanke war, nicht nur an sich und seine nächsten Angehörigen zu denken, sondern an alle, in deren Mitte er aufwuchs, in deren Mitte er lebte und die er mit weiser Voraussicht geführt hat!«

»Nach Euren Ratschlägen, Morenu ha-Raw.«

In diesem Sinne wurde der letzte Wille Mordechaj Maisls niedergeschrieben. Und in diesem Sinne wird Mordechaj Maisls, des Bürgermeisters der Prager Judenstadt, seit Jahrhunderten gedacht, wenn auch Maisls Testament und die darin enthaltenen Gedanken Löws nicht verwirklicht werden konnten.

Nach Mordechaj Maisls Tod fielen dreimal kaiserliche Söldner in das Trauerhaus ein, durchstöberten es jedesmal vom Keller bis zum Dachboden und konfiszierten alles Bargeld, das sie in den verschiedensten Verstecken gefunden hatten, für die kaiserliche Kasse. Ihre Beute war beträchtlich, sie betrug fast sechshunderttausend Dukaten, eine für die damalige Zeit unerhört hohe Summe. Drahtzieher dieser Raubzüge waren Mitglieder der Hofcamarilla, denen ein Teil der Beute zufiel.

Das neue Licht

Der Posener Winter des Jahres 1594, der zweite nach Jehuda Löws Rückkehr aus Prag nach Polen, war streng und dauerte lang. Noch eine Woche vor Pessach brannten im Kamin des polnischen Landesrabbiners große, harzduftende Holzscheite, damit der Rabbi in der von ihnen gespendeten Wärme und beim Schein einer Fackel an dem inhaltsreichen Manuskript arbeiten konnte, auf das er sich schon mehr als fünf Jahre konzentrierte, eigentlich seit dem Tag, an dem ihm die Krakauer Drucker den ersten Teil seines Werkes »Der Weg des Lebens« geliefert hatten. Die Auslegung der Sprüche der Väter war in Jehuda Löws Gedanken noch nicht abgeschlossen, sie erforderte eine Fortsetzung, in der sich der Rabbi auch Auslegungen der Morallehre widmen wollte.

Die mit seiner zierlichen und sorgfältigen Handschrift bedeckten Blätter häuften sich. Wenn die Arbeit auch weiterhin so gut fortschreiten wird wie bisher, überlegte Rabbi Löw, kann ich das Werk vielleicht im nächsten Jahr beenden. Dann sende ich es nach Prag, damit es dort herauskommt, wo meine erste große Arbeit aus der jüdischen Druckpresse erschienen ist, die Glossen zu den großen Glossen Raschis, ein Werk, das vielleicht noch in späteren Zeitaltern die Erinnerung an meinen Namen wachhalten wird.

Je mehr in seiner neuen Umgebung der Judenhaß von den neuangesiedelten Jesuitenpredigern geschürt wurde, desto stärker beschäftigte seinen Sinn der Gedanke, den Sieg der jungen Königin Esther über den Hasser Wesir Haman als Sieg des Volkes auszulegen, als Hoffnung für jene, die nach der Zerstörung des Tempels in der Verbannung immer wieder von neuem ihre Heimstatt verlassen, durch Ströme Blutes waten und ihre Tränen unterdrücken mußten, trotz allem aber dem einzigen Gott unverbrüchliche Treue bewahrten, denn es hatte sich dieses Volk auserwählt — zu Größe und zu Leiden.

Die Tür zwischen dem kleinen Arbeitszimmer des Landesrabbiners und der Wohnung, in der seine Tochter Dwojra mit ihrem Gatten und ihren Kindern lebte, wurde behutsam geöffnet, und Schloime ben Gerson räusperte sich. Rabbi Löw, der trotz seines hohen Alters noch gut hörte, hob nur leicht das Haupt von seiner Arbeit. Für ihn war das Räuspern ein Zeichen, daß sein inoffizieller Helfer im Amt und bei der Leitung der Talmudschule, Dwojras Gatte, mit ihm etwas Wichtiges zu besprechen, ein Problem zu lösen oder einen Besuch zu melden habe. Schloime war seit seiner Jugend Hörer der Talmudschule. Rabbi Löw aber schätzte seinen Schwiegersohn vor allem wegen dessen Fähigkeit, sich rasch anzupassen und Schwierigkeiten zu meistern, Hindernisse aus dem Weg zu räumen, Aufträge auszuführen und Gegensätzliches miteinander zu versöhnen; weniger behagte ihm Schloimes fast schwerfälliges Begreifen der Wesenheit religiöser Fragen, sein etwas oberflächlicher Zutritt zur Auslegung der Thora und sein geringes Einfühlungsvermögen in die Tiefen des menschlichen Herzens.

Die unterschiedlichen Charaktereigenschaften Schloimes wirkten sich jedoch eher auf die Arbeit aus als auf die verwandtschaftliche Beziehung. Vielleicht wird er einmal ein guter Rabbi der Thorner Gemeinde werden, dachte Jehuda Löw, vielleicht wird ihn später als gereiften Mann der Rat der Krakauer Gemeinde zum Glaubenslehrer berufen, aber mein wirklicher Nachfolger wird er nie sein. Das wußte Rabbi Löw aus einer sicheren Ahnung heraus, und er ahnte auch den Grund: Weil Schloime, dem Sohne Gersons, nicht die Fähigkeit gegeben war, das Unausgesprochene zwischen den Zeilen der heiligen Vorschriften zu begreifen, die Worte der Pajtanim im Inneren aufklingen zu lassen. Die Pajtanim, das waren nicht nur jene Dichter, die aus den Worten des Glaubens kunstreich komplizierte Verse schmiedeten, sondern auch jene, die zu Rabbi Löw unmittelbar mit den Worten der Thora, den Psalmen Davids, dem Lied der Lieder, dem Buch der Richter, dem Buch Ruth und der Pessach-Geschichte sprachen. Ihre lieblichen, vom jüngsten Enkel vorgetragenen Sätze nahmen derzeit von Stunde zu Stunde klarere Umrisse an, weil sich das Fest näherte, mit dem der Auszug unserer Väter aus der ägyptischen Knechtschaft gefeiert wird.

»Ein Gast aus Krakau ist angekommen, Vater!« meldete der Schwiegersohn und neigte leicht den Kopf. »Es ist ein junger Mann, ein Lehrer der dortigen Schule, Mordechaj ben Nathan. Er würde Euch gern kennenlernen und mit Euch sprechen; zweifelsohne ist er ein bescheidener und gebildeter Mensch. Ich habe ihn gebeten, unser Gast zu sein und sich zunächst ein wenig von der Reise auszuruhen.«

»Wie es Brauch und Gebot der Liebe gegenüber dem Fremdling ist — zumal wenn er kommt, um seine Gedanken mit einem anderen Lehrer auszutauschen, mein Sohn!« Rabbi Löw nickte. »Heute würde ich aber gern noch ungestört einen wichtigen Abschnitt meiner Arbeit beenden. Sicher wird er gemeinsam mit uns am Abendgottesdienst teilnehmen. Sieh zu, daß Dwojra zu Ehren des Gastes ein würdiges Mahl vorbereitet.«

»Krakau hat unserer Synagoge ein Geschenk gesandt, einen silbernen Thorazeiger, eine kunstvolle, zierliche Arbeit!«

»Übermorgen, am Sabbat, soll unser Gast zur Thora aufgerufen werden!« sagte der Rabbi leise. Dies war eine Ehrung, die dem jungen Mann die lange Fußreise nach Norden bestimmt aufwog.

Rabbi Löws Schwiegersohn schloß leise die Tür des Arbeitszimmers, und der grauhaarige Gelehrte versank wieder in Grübeln über den heiligen Text. Nach einer Weile begann er zu schreiben, und die Worte der hebräischen Kursivschrift füllten Seite um Seite, bis die Zeit des Abendgottesdienstes gekommen war.

Dank seiner Liebenswürdigkeit und seines bescheidenen Auftretens fand der junge Krakauer Lehrer bei dem alten Rabbi sogleich Gefallen, schon nach den wenigen Worten, die sie bei Rückkehr von der Abendandacht miteinander wechselten. Der junge Mann wußte sich mit bewundernswertem Wortreichtum und überraschendem Gedankenadel auszudrücken. Zum Abendessen setzte man ihn neben die älteren männlichen Mitglieder der Familie des Rabbis. Er nahm diesen Platz mit einer Miene an, aus der Ehrfurcht — eine Zierde seiner Jugend — und Würde — ein Ausfluß seines Geistesreichtums — sprachen. Der gelehrte Rabbi beobachtete dies mit Befriedigung.

Er widmete sich seinem Gast am nächsten Morgen.

»Mich führt das Verlangen her, Euch persönlich kennenzulernen«, bekannte der junge Lehrer. »Sooft das Pessachfest näherrückt, öffne ich ein Buch, das wir in unserer Schule hochhalten. Es ist Eure Erklärung über den Sinn des Auszugs unserer Vorfahren aus Ägypten. Sie erhöht stets die Festfreude dieser Tage.«

Ja, dachte der Rabbi, es ist schon dreizehn Jahre her, daß ich meine gedruckte Auslegung jener längstvergangenen Tage zum erstenmal las. Wer sollte sie besser kennen als die Juden von Krakau, wo sie gedruckt worden ist? Und ein Mensch, der eine mehrtägige Fußreise nicht scheut, um den kennenzulernen, der die von ihm hochgeschätzten Zeilen schrieb, verdient trotz seiner Jugend Achtung.

Jehuda Löw hatte in seinem Leben viele Männer kennengelernt, die sich ganz den Weisheiten des Gesetzes widmeten. Nur wenige von ihnen waren ihm im Gedächtnis geblieben, und diese Wenigen waren durchwegs Menschen, die ihr Studium gewissermaßen mit einem lodernden inneren Feuer und innerer Weihe betrieben. Menschen, die eine enge Beziehung mit den heiligen Vorschriften verband, deren Auslegung auch er sein Leben gewidmet hatte.

Er stellte seinem Gast nicht die Frage, worin er den Sinn des Pessachfestes sehe. In dieser Zeit drückendster Unfreiheit und wachsender Verfolgung ließ das Geschehen vom Auszug der Unterjochten aus Ägypten die Hoffnung durchschimmern, daß sich irgendwann in der Zukunft ein Weg zu besseren und glücklicheren Tagen öffnen werde.

Deshalb nickte der Rabbi nur zu den höflichen Worten des jungen Lehrers und ließ Mordechaj ben Nathan glühenden Herzens Gedankengänge entwickeln, Fragen stellen und nach dem Sinn der Dinge forschen.

»Ihr habt einen Golem geschaffen, großer Rabbi, und dabei vier Elemente verwendet, aus denen sich die Welt zusammensetzt, unlebendige Lehmerde, Feuer, das im Golem das Element Wasser zu Dampf verwandelte, der aus seinen Nüstern strömt, und Luft, die seinen Geist erfüllte. Also die vier Elemente der Kabbala, Erde, Feuer, Wasser und Luft; aber wie viele Variationen und Grade weist doch ein jedes dieser Elemente auf, wie sind sie doch weiter gegliedert und unterteilt, darin liegt die Unerforschlichkeit des Allerhöchsten!«

»Was habt Ihr hiemit näher im Sinn?« fragte der alte Gelehrte den Gast, obwohl er ahnte, wie die Antwort lauten würde.

»Ich denke an die Schönheit Eurer Worte in den ›Siebenerlei Brunnen‹, Reb Jehuda.« Der Krakauer Religionslehrer entnahm den Falten seines Gewandes eine Rolle, auf welcher mit schönen, hebräischen Blockbuchstaben die Verse abgeschrieben waren, die Jehuda Löw ben Bezalel einst in Prag verfaßt hatte. Er hatte sie bisher nicht drucken lassen, weder in Prag, noch in Venedig.

Siebenerlei Brunnen

Heilige Wasser — der erste Brunnen,
gehöhlt von geheimnisvoller Weisheit;
die Wasser entfernen vom Laster,
beschützen vor Bosheit,
belehren und heilen all deine Wunden,
ermuntern jeden vor Schwäche sinkenden;
viererlei Mächte entquellen ihnen.
Der zweite Brunnen — lautere Wasser,
trübe erscheinend wie Meeresströme
und dennoch reiner als je der Tau,
ohne Schlamm und Trübung und ohne Fehl.
Ob ihnen neige dich, o Irrender,
in sie bette den Blick, das Herz in der Brust —
Unberufene vertiefen sich nie in dieselben.

Der dritte Brunnen — süßes Wasser
siebenmal geklärt, von feinster Materie;
dem Auge Entzücken, dem Herzen Verlockung,
stärkt es das Bewußtsein, vermittelt Erkenntnis,
des Honigs Duft steigt von ihm auf,
süßer als jener uralter Weine,
Gottes und guter Menschen Erfreuen.

Der vierte Brunnen — lebendiges Wasser,
das sich keinerlei Macht ergibt
und welches kein Auge je erforscht.
Aus Himmelsgefielden rinnt es herab,
ein paradiesischer Lauf, der nie versiegt,
kristallklaren Schimmers nicht entbehrt,
Glanz einer Sonne, die nie untergeht.

Ein tiefes Wasser — der fünfte Brunnen,
goldener Teich der Perlenfischer.
Drin blinkt ein Wirrwarr von Edelsteinen
gleich Kieseln, welche ein Bach birgt;
sagt jedem, der solch Wertloses ablehnt:
Feuer der Blitze sind da, und aus ihnen
tagt es noch in den fernsten Enden der Welt.

Der sechste Brunnen — sich erhebende Wasser,
die höher und höher steigen,
Berge bedecken, reißende Ströme überschwemmen, alles;
Schiffe schwimmen, Kaufleute reisen,
erreichen doch keine fernen Ufer
und beherrschen die Tiefe nicht.

Der siebente Brunnen — gereinigte Wasser,
aller Schlacken entledigt,
von Beimischungen gesäubert,
geläutert, verfeinert,
bereitet für spätere Geschlechter,
makellose und unverdunkelte,
reinen Herzens und klarer Augen.

»Ja, siebenerlei Brunnen«, flüsterte Jehuda Löw, als er sein vor langer Zeit verfaßtes Gedicht wiedergelesen hat.

»Ich habe den Sinn Eurer Gedanken von dem Element Wasser auf
das zweite Grundelement übertragen, ohne das es kein Leben gibt,
auf die Luft, mein großer Lehrer«, erklärte der Krakauer Gast. »Eure
Worte, großer Rabbi, der erste Brunnen, heilige Wasser, von geheimnisvoller Weisheit gehöhlt. Aber ist nicht auch der Windhauch, der
bei Hitze unsere Schläfen abkühlt, jene Luft der Heiligkeit, die den
vor Schwäche Ermatteten erfrischt und den Menschen von Unrecht
fernhält?«

Jehuda Löw bemühte sich, alles zu erfassen, obzwar es nicht leicht
war, den Worten des sehr rasch sprechenden jungen Lehrers zu folgen.

»Der zweite Brunnen — lauteres Wasser. Was, teurer Freund, gleicht
ihm im Element Luft?« Nun entwickelte Rabbi Jehuda Löw das Zwie-
gespräch mit dem neuen Schüler in beschleunigtem Rhythmus.

»Die Luft nach einem Gewitter, erfüllt von einem unbekannten
Duft; bar alles Ungehörigen, ein lauterer Hauch, reiner als alle anderen Lüfte; ohne Fehl, ohne Stäubchen. Und doch ist nicht jeder von
uns imstande, sie in die Lunge einzuatmen; sie ist zu stark für nicht
genügend feste Menschen. Auch in sie tauchen Unberufene niemals
ein, glaubt Ihr nicht, mein Lehrer?«

»Setzen wir unsere Vergleiche fort! Wie steht es mit dem dritten
Brunnen und seinem süßen Wasser?«

»Ist denn der leichte Windhauch, der uns den Duft von Quendeln und Waldharz bringt, nicht auch etwas, das unser Bewußtsein stärkt und unser Denken anregt? Besitzt er nicht den gleichen Honigduft, wie ihn das siebenfach gekräuselte süße Wasser verströmt?«

»Und das lebendige Wasser im vierten Brunnen?«

»Genau wie die Luft, die uns umgibt und sich keiner anderen Macht als sich selbst beugt, ist der aus des Schöpfers Auen in das Menschenherz dringende Hauch unerforschlich für das menschliche Auge; ein Stoff, der uns nährt, wenn wir uns in Gedanken vertiefen, und der uns in den Augenblicken nächtlicher Ohnmacht schützt!«

»Beide also gleichermaßen ein unbekannter paradiesischer Strom. Beide wie der Glanz einer Sonne, die nicht untergeht. Bleiben noch drei Brunnen, mein Freund. Was ist mit dem fünften Brunnen? Was ist das Gegenstück der tiefen Wasser?«

»Ist nicht auch die Luft, die uns Leben spendet, in Schichten gegliedert wie eine Hügelkette, wobei die nächste Erhebung gleichsam nur durch einen zart bläulichen Schleier schimmert, während entferntere und undurchsichtige Strömungen den Horizont dunkel verhüllen? Aber auch durch diese bricht sich das Licht Bahn, der Schein der Morgensonne, die Abendröte beim Scheiden des Tages, der zackige Blitz!«

»Über den sechsten Brunnen braucht man nicht zu debattieren!« sagte Rabbi Jehuda Löw ben Bezalel lächelnd. »Wie die Wasser, die sich erheben und höher und höher steigen, schwillt auch die Luft zu einem heftigen Wind an, zu einem Orkan, hebt auf der Erde alles Leichte hoch, stürzt schwere Steinblöcke um und schleudert sie mitten auf die Wege. Auch wegen solcher Stürme erreichen Wagen nicht ihr Ziel, Schiffe nicht ihren Hafen. Den Sturm vermag der Mensch nicht zu beherrschen, genauso wenig wie die hochgehenden Wogen. Das ist es doch, was du zur Parallelität der Elemente des sechsten Brunnens sagen wolltest, nicht wahr?«

»Besser hätte ich es nicht ausdrücken können, mein weiser Gastgeber.« In den Augen des jungen Lehrers loderte ein Feuer. »Nur den siebenten Brunnen, wo sich bei den Wassern der Gipfel befindet, in bezug auf das Element Luft auszulegen — das würde ich nicht wagen. Vielleicht bin ich deswegen gekommen, um...« Er verstummte, wartete ab, was Rabbi Löw sagen würde.

Plötzlich war es sehr still. Jehuda Löw ben Bezalel in seinem rotsamtenen, pelzverbrämten Mantel und mit seinem Käppchen auf dem schmalen Kopf schaute irgendwohin ins Unbestimmte. An dem feinen Beben der Flügel seiner langen Nase erriet der Lehrer aus Krakau, daß den Rabbi die Parallelen zwischen den beiden Elementen erregten und er sie zu Ende führen wollte.

»Ob wir den siebenten Brunnen der geklärten Wasser leicht erreichen können, mein Sohn?« fragte er endlich, wartete aber auf keine Antwort. Ihm war nicht entgangen, daß sein Krakauer Gast leicht den Kopf geschüttelt hatte. »Keineswegs. Wir stimmen beide darin überein, daß dies ein beschwerlicher, mühevoller Weg ist. Damit die Wasser von allen Unreinheiten und Beimengungen frei werden, über wie viele Wehre müßten sie strömen, auf wie viele Morgen Landes stehenbleiben, bis sich aller Unrat abgesetzt hat und die Wasser lauter und durchsichtig sind? Wie oft muß eine Frau das Wasser durch Leinwand sieben, bis es nicht mehr verunreinigt und durch nichts getrübt ist, so daß es Menschen reinen Herzens und klaren Auges dienen kann?

Haben sich unsere Vorfahren, als sie durch die Sinaiwüste ins Gelobte Land wanderten, denn nicht Tücher vor die Nase gebunden, damit das Gewebe den Wüstensand zurückhalte und das Element Luft als ein lebenspendender Strom in ihre Lungen dringe?

War es den Wanderern denn nicht erst nach langer Pilgerschaft vergönnt, reinen Herzens und mit klaren Augen das verheißene Land zu betreten, damit aus ihnen ein neues, auf die Zukunft vorbereitetes Geschlecht erwachse? Wäre es herangewachsen, wenn seine Väter nicht für sich selbst geläuterte Luft bereitet hätten?«

Der Talmudist aus Krakau öffnete ein wenig den Mund, als müsse er gähnen; aber er holte nur tief Luft, denn er hatte vor geistiger Anspannung fast vergessen zu atmen. Rabbi Löw hatte den kühnen Bogen des Gedankens, der in Mordechaj ben Nathan bei der Lektüre von Rabbi Löws Meditationen über siebenerlei Brunnen geboren worden war, zu Ende geführt. Der Rabbi hatte des Lehrers Traum verwirklicht, das Element Luft in gleicher Weise zu zergliedern. Nun hatte der Gedanke seine endgültige Form bekommen. Er mußte nur festgehalten und zu Papier gebracht werden. Dies wollte der junge Lehrer sofort tun, wenn er aus Posen nach Krakau zurückkam. Und die Niederschrift wollte er dann Rabbi Löw senden, als Geschenk für die in seinem Arbeitszimmer verlebten einmaligen Stunden, als Geschenk für etwas, woran er gewiß bis ans Ende seiner Tage denken würde.

»Ich danke Euch, Allerweisester!« sagte er schließlich flüsternd. Er stand noch immer unter dem Eindruck von Rabbi Löws Bilderreichtum, der seine Phantasie anregte.

»Ich danke Euch, junger Freund!« entgegnete lächelnd der Rabbi, der in eigenständiger Art die Schätze der Kabbala auslegte. »Reicht mir die Hand, Dichter Mordechaj! Dafür, daß Ihr das fortgesetzt habt, was ich einmal für mich als Gleichnis festhielt. Ihr habt es weiter entfaltet und in ähnlicher Weise auch das zweite lebenswichtige Element, das uns umgibt, zergliedert. Nur einem Dichter ist es vergönnt, zu träumen und Dinge so tiefgründig zu sehen. Bleibt auf Eurem Weg nicht stehen. Seid ein Fortsetzer dessen, worin wir Fortsetzer unserer Vorfahren waren. Or chodesch, Ihr seid ein neues Licht. Israel braucht solche neue Lichter auf seinem Wege durch die Verbannung. Denkt immer daran, wenn Ihr zu erlahmen droht. Und bleibt während der Pessachfeiertage unser Gast!«

Der Rabbi trug Schloime ben Gerson auf, dem jungen Mordechaj ben Nathan in der Posener Synagoge einen Ehrenplatz anzuweisen, wie er sonst ausgezeichneten Gästen vorbehalten war, und nicht etwa einen der Plätze für Durchreisende, die den Sabbat zufällig in der Stadt verbrachten. Dieser Auftrag löste bei seinem Schwiegersohn einen fragenden Blick aus. Der Rabbi gewahrte darin einen Vorwurf: Sein Schwiegersohn war eifersüchtig auf Ehrungen, die man Dritten erwies, und sah es nur ungern, daß er in der Gunst seines gelehrten Schwiegervaters von jemandem in den Schatten gestellt wurde, der fast eine Generation jünger war und binnen eines Tages die Zuneigung Jehuda Löws ben Bezalel gewonnen hatte.

»Wenn du fragst, warum ich das anordne, Schloime, dann sage ich dir: Die Kraft meines Volkes in der Verbannung liegt auch darin, daß es stets das Wort hochhielt; es schätzte aber stets auch die hoch, die Worte schufen und sie zu neuen Gebilden erblühen ließen. Es achtete nicht nur seine Kohanim und Leviten, sondern gleichermaßen seine Pajtanim, mein Sohn. Nur letztere sind das neue Licht!«

Mordechaj ben Nathan verbrachte die Pessachfeiertage in der Familie des Rabbi Löw. Dann trat er den Heimweg an, beschwert mit Aufmerksamkeiten, welche die jüdische Gemeinde Posen der jüdischen Gemeinde zu Krakau sandte.

Sein Gleichnis von den siebenerlei Brunnen der Luft wurde jedoch nie gedruckt. In den dunklen Wäldern zwischen Breslau und Krakau überfiel eine Räuberbande Mordechaj ben Nathan, ermordete ihn und verscharrte seinen Leichnam.

Die Breslauer Obrigkeit kam dem Verbrechen auf die Spur, als die Räuber einen silbernen Krug, den Posener dem jungen Lehrer für die Krakauer Glaubensgenossen mitgegeben hatten, an einen Hehler zu verkaufen versuchten. Beim peinlichen Verhör gestanden die Lotterbuben den Mord an dem jungen Juden ein.

Rabbi Jehuda Löw ben Bezalel erfuhr erst im folgenden Jahr vom Tode Mordechajs ben Nathan, als er über Breslau nach Prag reiste, um dort sein Amt wieder zu übernehmen. Da hatte er bereits eine neue Arbeit, die fortgeführte Auslegung der Sprüche der Väter, im Manuskript beendet und für die Prager hebräische Druckerei der Gersoniden fertiggemacht, denn diese Publikation sollte zur Feier seiner Rückkehr in die altehrwürdige »heilige Gemeinde« Prag erscheinen.

Seine Gedanken galten bereits einer weiteren Arbeit, in der er den Glaubensgenossen mittels der Druckpresse den Sinn des Buches Esther darlegen wollte. An dem Abend, an welchem er voll tiefer Trauer über das vernichtete Leben des Dichters Mordechaj ben Nathan aus Krakau nachsann, kamen ihm wieder die Worte über die Pajtanim in den Sinn, die Dichter, die das neue Licht waren.

»Hat sich der junge Dichter im Augenblick des Ermattens an unser Gespräch erinnert? Hat er den Schlüssel des Geheimnisses im Augenblick seines Verlöschens gefunden? Haben sich für ihn in diesem Moment siebenerlei Brunnen des Wassers mit siebenerlei Brunnen der Luft vereinigt, damit er die höheren Regionen der inneren Reinigung erreichte?«

Rabbi Löw nannte die Auslegung des Buches Esther, nicht zuletzt zum Gedenken an den Ermordeten, »Or chodesch« — Das neue Licht.

Der Maharal scheidet

In den letzten Jahrzehnten hatte er zweimal eine Lungenentzündung überstanden, der ein Mensch von schwächerer Konstitution erlegen wäre. Jetzt war er sich in seinem vom Alter ungetrübten Sinn unerträglich darüber klar, daß seine Kräfte rasch schwanden. Fieber hatte er nicht, diesmal litt er nicht einmal an Atemnot. Aber in den letzten Wochen verließ er nur noch selten sein Lager, um beim Scheine einer Fackel oder einer Kerze — an Talgkerzen fehlte es im Hause des Rabbi Jehuda Löw in der Breiten Gasse der Prager Judenstadt nie — in seinem Kommentar zu Raschis Pentateuch zu lesen, in der Auslegung der weisen sittlichen Vorschriften oder im Buch von den Vorzügen der Thora; oder auch, um sich ins Studium von Werken zu vertiefen, welche die Druckerpresse der berühmten Prager Druckerei der Gersoniden verließen und von hier in die ganze jüdische Welt verbreitet wurden.

Man schrieb das Jahr 1609, und Rabbi Löw näherte sich seinem neunundachtzigsten Lebensjahr.

In den ersten Wochen der zunehmenden Körperschwäche hatte er wenigstens am Vorabend des Feiertages Sabbat dagegen angekämpft und sich von zwei jungen Rabbinern in die von ihm gegründete Klausschul bei der Moldauschwemme geleiten lassen, um an der Abendandacht teilzunehmen. Der Weg dauerte jetzt dreimal bis fünfmal so lange wie früher, weil Rabbi Löw alle paar Schritte stehenbleiben mußte, um Atem zu holen und auszuruhen. Als er zum Gehen zu schwach war, ließ er sich auf einer einfachen Bahre zum Gebet in eine der Hauptsynagogen tragen, wobei er nach einem alten, von den Oberrabbinern geübten Brauch die Synagogen abwechselnd besuchte: die Altneuschul, deren Bauart ihn an die Synagoge im heimatlichen Worms gemahnte, die Pinkasschul und die Klaus. Die Gemeindemitglieder, aber auch auswärtige Glaubensgenossen betrachteten es als Ehre, die Bahre zu tragen. Von diesem Dienst für den weltberühmten Rabbi Löw erzählten sie später noch ihren Enkelkindern!

»Ich habe den Prager Maharal in die Altneuschul tragen helfen«, so rühmte sich ein jüdischer Kaufmann aus Frankfurt am Main, der über den Sabbat in Prag geblieben war und dem seine Frömmigkeit die Auszeichnung verschafft hatte, Rabbi Jehuda Löw ben Bezalel auf dem Weg zum Bethaus behilflich zu sein.

Ma-Ha-Ral mi-Prag, unser großer Lehrer aus Prag — dies hatte der Rabbi aus dem Munde des Kaufmanns zum erstenmal gehört. Der Name war nicht hier entstanden, sondern draußen in der weiten Welt, wo Löws Bücher einen großen Leserkreis hatten. So wird er vielleicht in den Annalen seines Volkes genannt werden, nach einem seit unvordenklichen Zeiten geübten Brauch, die großen Rabbinergestalten durch Abkürzungen ihres Namens und ihrer Wirkungsstätte, von welcher der Schöpfer sie zu sich berief, zu benennen. Ma-Ha-Ral mi-Prag: darin verknüpfen sich zu einer Einheit, zur Erinnerung an seinen Schatten die Anfangsbuchstaben seines Ehrentitels »Unser großer Lehrer«, seines Familiennamens Löw und der Stadt Prag...

Von Prag aus wird er den Weg ins Jenseits antreten. Seine sterbliche Hülle wird man auf dem nahen Friedhof, dem Hügel zwischen der Altneuschul und der Pinkasschul, zur Ruhe betten, bis der Ewige dereinst alle vor den Richterstuhl des Jüngsten Gerichtes ruft.

Jehuda Löw litt an nichts Mangel. Ihm kam auch nicht der Gedanke, letztwillig über sein Vermögen zu verfügen, über das Haus in der Breiten Gasse, die große Bibliothek, die astronomischen Instrumente, die Möbel oder die paar hundert Gulden, die er nach dem Tode Mordechaj Maisls dem Finanzier Bassevi von Treuenberg anvertraut hatte. In den Vorreden zu seinen Büchern hatte er sich fast nie über die eigene Person geäußert oder gar das Profil seiner Persönlichkeit gezeichnet. Ebenso verlangte es ihn nie nach Geld. Sein Charakterbild zu entwerfen, das sollte Sache derer sein, die ihn gut genug kannten, um ohne Schönfärberei über ihn ein sachliches Urteil zu fällen.

Sein Fleiß trug reiche Früchte. Für seine Schriften zahlten ihm die hebräischen Drucker in Prag, Venedig und Krakau ansehnliche Honorare. Rabbi Löw verbrauchte diese Einkünfte nur für den Kauf neuer und neuester Bücher sowie immer besserer und präziserer Linsen aus den Werkstätten der geschickten Leydener Glasschleifer, damit er vom Dachboden seines Hauses mit Ferngläsern die Sternenwelt beobachten konnte. Dieses wunderbarste Werk des Schöpfers erschloß ihm ihre unendlichsten, unberechenbaren Geheimnisse und hatte ihn einst mit dem dänischen Gelehrten und Edelmann Tycho de Brahe in Verbindung gebracht, der Rabbi Löw als ihm ebenbürtig betrachtete.

Morenu ha-Raw Jehuda Löw beschränkte sich nicht auf hebräische Erkenntnisquellen. Er hatte auch Kontakt mit der gelehrten Umwelt, jener Welt, welche die Andersgläubigen als Welt des Humanismus bezeichneten. Gerade was die Erziehung der Jugend anbelangte, wies er auf die Notwendigkeit hin, sich von der Methode des Klebens an bloßen Begriffen und ihrer geistlosen Wiederholung abzuwenden. Er lehrte die Weisheiten des Talmuds in engster Verknüpfung mit der Umwelt des Menschen und betonte, daß Worte nur tote Gestalten vergangener Dinge seien, denen der Mensch von neuem Leben einhauche, indem er sie in eine von Leben überquellende Beziehung eingliederte.

Es gibt keine größere Gelehrsamkeit, so sagte er sich, als die Weisheit, welche die Jerusalemer Gelehrten und dann die in Babylon in der Knechtschaft lebenden Gelehrten festzuhalten wußten. Unübertrefflich ist die Kunst und Schönheit ihrer Worte! Aber die Weisheit und der Scharfsinn dieses großen Werkes wären und blieben toter Buchstabe — wenigstens zu einem großen Teil —, würden wir sie nicht im Hinblick auf die Gegenwart auslegen, in der wir leben.

Kann sich denn unsere jüdische Welt wirklich abseits halten vom großen geistigen Umbruch der Renaissance, der die ganze Menschheit erschüttert? Hat nicht die Beobachtung der Natur Tycho de Brahes und auch meine Ansichten geändert, und haben wir nicht unzählige Male darüber diskutiert, was für unerwartete Erkenntnisse uns unsere astronomischen Beobachtungen brachten?

Und sollte dies alles nicht seinen Niederschlag auch in der Erziehung unserer Jugend finden, damit sie nicht leere Worte lerne, sondern die Anwendung von Weisheit im Leben?

Jehuda Löw war sich aber auch bewußt, daß ihn die Lehre der Kabbala immer stärker anzog, je länger er lebte. Vor nahezu fünfzig Jahren war in Mantua ein berauschendes Buch erschienen, das nur einige Jahre später zu ihm gelangte, das er aber nur mit großer Vorsicht zur Hand nahm: »*Das Buch der Schöpfung*«, für »fromme Menschen« bestimmt; es berauschte allein schon mit seiner Zitierung Daniels: »Jene, welche zur Weisheit gelangten, werden gleich den Strahlen des Himmelsgewölbes glänzen, und jene, welche viel zur Frömmigkeit beitragen, werden ständig wie Sterne leuchten.« War dies nicht der Traum eines jeden tiefgläubigen und dem Schöpfer treuen Menschen? Und um so mehr desjenigen, der dieses Volk als sein Lehrer führen sollte?

In diesem Sinn war Jehuda Löw fromm. Sogar das strenge Gericht, dem er sich von Zeit zu Zeit selbst unterwarf, konnte Löws Stolz auf die eigene Lebensbahn nicht mindern; und um so weniger durften ihm selbst seine größten Gegner Frömmigkeit absprechen.

Wie berauschend aber dieses Buch von der Schöpfung sprach!

Jehuda Löw, der nicht zögerte, das Grundelement Wasser dichterisch zu beschreiben — den Regenbogen der Worte über siebenerlei Brunnen zu spannen, wie dies einer der gleich ihm das Leben besingenden Männer einst genannt hatte —, konnte nicht anders, als der poetischen Beschreibung des Anfangs der Schöpfung eine geradezu mystische Kraft zuzuschreiben. Er war aber auch darüber glücklich, daß er in den Text einzudringen und das Unausgesprochene zu ergänzen vermochte.

»Am Anfang, als der Wille des Königs zu wirken begann, grub er Zeichen in den himmlischen Urglanz… Eine dunkle Flamme entsprang im allerverborgensten Bereich aus dem Geheimnis des EN-SOF, des Unbegrenzten, wie ein Nebel, der sich im Gestaltlosen bildet, eingelassen in den Ring, nicht weiß und nicht schwarz, nicht rot und nicht grün und von keinerlei Farbe überhaupt. Erst als jene Flamme Maß und Ausdehnung annahm, brachte sie leuchtende Farben hervor. Ganz im Innersten der Flamme nämlich entsprang ein Quell, aus dem Farben auf alles Untere sich ergossen, verborgen in den geheimnisvollen Verborgenheiten von EN-SOF. Der Quell durchbrach und durchbrach doch nicht den ihn umgebenden Äther und war ganz unerkennbar, bis infolge der Wucht seines Durchbruchs ein verborgener höchster Punkt aufleuchtete. Über diesen Punkt hinaus ist nichts erkennbar, und darum heißt er Anfang, das erste Schöpfungswort…«

Er las dann auch im *»Buche des Glanzes«* und grübelte über die Welten nach, von welchen dort die Rede ist, über die Welt der Ausstrahlung, die Welt der Schöpfung, die Welt des Schaffens und die Endliche Welt, die sinnlich wahrnehmbar ist. Doch er identifizierte sich nicht mit den aus dem Grübeln entstandenen Gedanken. Viel davon widersprach buchstäblich den Vorschriften der fünf Bücher Mosis!

Dennoch aber vermittelte ihm die Lektüre der Bücher »Schöpfung«
und »Glanz« sowie das Nachdenken darüber wertvolle Erkenntnisse:
über die Wege des Menschen, sich selbst und damit auch die Welt
rund um ihn zu bessern.

Und so hatte seine Predigt, die er immer am Samstag zwischen den
Hohen Feiertagen nach dem Neuen Jahr und vor dem Versöhnungstag in der Altneuschul hielt, ihren Kern eben hierin: Der Mensch
kann mit seinen Tugenden auch auf eine höhere, für ihn vorläufig un-
erreichbare Welt einwirken und diese mit seinem Streben und seiner
Sehnsucht vervollkommnen. Darin liegt auch der Sinn des Gebetes,
mit dem sich der Mensch ja höhere Kräfte geneigt machen will.

Die Bibel beinhaltet dies alles bereits: Ihre Vorschriften enthalten
schon dieses Streben nach ständiger Besserung unserer selbst, welches
auch die Welt selbst bessern wird.

Jehuda Löw überlebte viele Könige als Herrscher dieses Landes. Das
Jagellonengeschlecht endete 1526 mit dem Tod des jungen Königs
Ludwig in den Sümpfen von Mohácz, in einer Schlacht gegen den tür-
kischen Sultan Suleiman II. Er überlebte die Regierung des ersten
Habsburgers wieder auf dem böhmischen Thron, Ferdinand, seine
Ausweisungsbefehle und Verfolgungen, als den hiesigen Zünften die
Kunst und Fertigkeit der jüdischen Handwerker ein Dorn im Auge
war. Die Regierung des weisen, toleranten Maximilian bedeutete eine
Atempause für die Judenstadt; und unter Kaiser Rudolf II. ging es den
»Knechten der königlichen Kammer«, wie sie in den Urkunden genannt werden, auch nicht schlecht. Allerdings brauchten die Habs-
burger die Finanziers Mordechaj Maisl und Bassevi von Treuenberg:
Rudolf II. hätte nicht die Möglichkeit gehabt, in ganz Europa Kunst-
werke einzukaufen und Unsummen für seine Hofhaltung auszuge-
ben, hätten ihm nicht jüdische Anleihen zur Verfügung gestanden.

Die Bewohner der Judenstadt jedoch lebten elend. Seit Jehuda Löw
als Jüngling nach Prag gekommen war, hatte sich die Judenstadt in
kaum glaublicher, aber nicht gerade erfreulicher Weise ausgedehnt.
Die Prager Gemeinde, die siebzig Jahre zuvor tausendzweihundert
Seelen gezählt hatte, war auf ungefähr achttausend Seelen angewach-
sen. Aber nur einigen Kaufleuten gelang es, etwas stattlichere Häuser
in der die Judenstadt umgebenden Altstadt zu erwerben und dort etwas besser zu leben. Alle anderen waren in Häuser gepfercht, die in

die Höhe strebten und auch alle unterirdischen Möglichkeiten ausnützten.

Unter der Erde, so wußte Jehuda Löw, lebten die Ärmsten der Armen in Kellerwohnungen, welche die Moldau überschwemmte, sobald sich das Flußniveau nur ganz wenig hob. Diese Armen hausten in muffigen Räumen ohne Sonne, die doch jede Menschenseele erfreuen sollte, weil jeder ein Recht auf Tageslicht hat. Und trotzdem lebten diese Menschen, kämpften um das tägliche Brot und waren fest in ihrem angestammten Glauben.

Am Vorabend des Sabbats zwischen den Hohen Feiertagen Neues Jahr und Tag der Versöhnung besaß Rabbi Löw nicht einmal mehr genügend Kraft, um sich in die Altneuschul tragen zu lassen: genau ein Jahr nach seiner Predigt über die zwei großen Bücher der Kabbala... Nach altem Brauch pflegte er an diesem Sabbat — wie am Samstag vor Pessach — als Oberrabbiner in Gegenwart der Rabbiner und anderer gelehrter Männer der Gemeinde die Predigt zu halten. Er fühlte sich so schwach, daß er nicht einmal von der Möglichkeit Gebrauch machte, die für einen Gottesdienst notwendigen zehn Männer an sein Lager einzuladen. In Gedanken war er jedoch im Dienste Gottes mit seinem im Bethaus weilenden Volke vereint.

Er war auf seinen Heimgang vorbereitet. Er war stets auf ihn vorbereitet gewesen, immer geneigt, dem Ewigen die letzte Rechnung zu legen. Widmete er doch jeden seiner Tage dem Dienst für den Ewigen und für sein Volk.

Er war auf seinen Heimgang vorbereitet — sein Leben ging zu Ende.

Am Vorabend des Sabbats wird beim Gottesdienst stets zweimal der zweiundneunzigste Psalm gelesen, zur Erinnerung an den Augenblick, als er beim Abendgebet wegen Golems zerstörerischen Wirkens das Bethaus verlassen mußte und nach der Rückkehr von neuem sang:

»Das ist ein köstlich Ding, dem Ewigen danken und lobsingen seinem Namen...«

Auf dem Weg zur Altneuschul war es gewesen, wo ihm einige Monate zuvor erstmals der Gedanke kam, einen Golem zu schaffen. Wie hieß es doch in dem Psalm 139? *Golemi rau enecha...* »Deine Augen sahen mich, da ich noch unvorbereitet, ein Klumpen, war, und alle

Tage waren auf dein Buch geschrieben, die noch werden sollten und derselben keiner war.«

Golem. Ein Klumpen. Ein großes Stück Materie...
Und nach dem Worte *Golem* bekam jenes Gebilde seinen Namen, das nun auf dem Boden der Altneuschul zu Lehm und Staub zerfiel.

Den Gedanken, einen Golem zu schaffen, faßte Rabbi Löw einzig in der Absicht, seinem Volke in der Vertreibung zu dienen. Sein Leiden irgendwo durch Golem zu lindern.

Schilderte doch die Elegie Rabbi Avigdor Karos *Et Kol Hatla* das zur Zeit König Wenzels IV. unter den Juden Prags zu Pessach vor zweihundertdreißig Jahren angerichtete furchtbare Blutbad. Und Karos Sohn Abraham schilderte in dem Klagesang *Ana Elohe Avraham* die Verfolgung und Ausweisung der Juden aus Prag in der Zeit der Hussitenkriege...

Der Golem war nicht dazu bestimmt, Diener im Hause Rabbi Löws zu bleiben.

Jehuda Löw wollte keine Diener für sich selbst schaffen, obzwar er zunächst des Golems Fähigkeiten in einem solchen Dienst zu erproben gedachte. Er brauchte den tönernen Riesen keineswegs als billige Arbeitskraft, eine solche war in dem mit Notleidenden übervölkerten Judenghetto Prags billiger als alles andere, was ein Menschenleben erhält.

Der Golem und nach ihm weitere Golems sollten eine Schutztruppe der Juden bilden, eine Wehr Israels in der Zeit der Zerstreuung, ein neues, kämpferisches Element in seinem bisher wehrlosem Leben, eine Wehr der bisher Wehrlosen gegen ihre Feinde und gegen alle, die auf Kosten seines Volkes lebten und sich bereicherten, es ausbeuteten, mit seinen Spargroschen ihre Kriege führten und ihren Sieg dann zur neuerlichen Verfolgung seiner Stammesgenossen nutzten. Die Sieger hatten stets die Macht, aus dem Ghetto alles herauszuholen oder es gegebenenfalls zu vernichten. War nicht in den bitteren Jahren der Herrschaft Ferdinands Vertreibung auf Vertreibung gefolgt? Als vor einigen Jahren wieder Ströme von Vertriebenen die Judenstadt verließen und die Zahl ihrer Einwohner auf die Hälfte und dann auf ein Drittel sank, als die Heimatlosen ihren Lebensunterhalt weit außerhalb der Stadtmauern, ja, weit jenseits der Grenzen des Königreiches zu verdienen suchen mußten, da war Rabbi Löw auf den Gedanken an den Golem als Beschützer der Juden verfallen. Ohne Schwert, aber mit der ihm innewohnenden riesenhaften Kraft der Materie Feuer, Wasser, Erde, Luft, doch ohne das menschliche Bedürfnis, Hunger und Durst zu stillen, ohne die menschliche Verwundbarkeit, gefühllos, aber mit glühendem Eifer, der entstand, wenn man ihm den *Schem*, das Zeichen des Schöpfers, in den Mund legte.

Und dann in den Mund eines zweiten, eines dritten, einer ganzen Reihe von Golems, sofern sich der erste bei den einfachen Diensten im Haushalt bewährte und der Rabbi sah, daß sein Einfall mehr Vorteile als Nachteile hatte.

Nie und nimmer hätte er gewagt, den Golem, den Unbereiteten, den Klumpen, wie der Psalm sagte, dem Menschen gleichzustellen, Adam, dem ersten aus Lehm erschaffenen Menschen, dem der Atem des Ewigen Leben einhauchte. Der Golem war lediglich eine Nachahmung und keineswegs Adam, dem Sohn der Erde, gleichgestellt. Seine Kraft hatte ihre Quelle einzig und allein in der Kraft desjenigen, dessen Name nicht genannt werden darf, im *Schem* — sie war Ausfluß der Kraft des Ewigen.

Nach dem ersten Golem, dem Diener des Rabbi, sollten gegebenenfalls weitere tönerne Kämpfer durch den *Schem* zum Leben erweckt werden, Kämpfer gegen jeden Feind der Glaubensgenossen.

Warum hatte er dem ersten Koloß lediglich die äußere Form gegeben, und das nur in Umrissen und vergrößert zu einem Halbriesen, um die Verwandtschaft mit Adam, dem Sohn der Erde, zu verschleiern? Der Golem durfte nichts von dem haben, was einen Menschen ausmachte... »Denn du darfst dir kein Bild von mir machen, weder das Bild eines Menschen, noch eines Tieres...«

Erst viel später, als Golem bereits zu Staub zerfallen war, hatte Rabbi Löw durch seinen Freund Tycho de Brahe von Johannes Jesenius gehört, dem kaiserlichen Arzt und Professor der Anatomie an der Prager Universität, der mit einem scharfen Messer die Eingeweide von Verstorbenen bloßlegte und in dem Körper erforschte, wie Glied mit Glied zusammenhing und auf welchen Wegen Blut und andere Säfte den menschlichen Leib durchströmten. Tycho de Brahe selbst hatte diesen Gelehrten und ehemaligen Professor der Wittenberger Universität Kaiser Rudolf II. als Leibarzt empfohlen. Rabbi Löw hatte, dem Ewigen sei Dank, im Innern des tönernen Kolosses keinerlei

Organe geschaffen. Er hatte auch diesen Punkt vorher gründlich durchdacht. Waren doch bereits vor mehr als hundert Jahren in der Karpfengasse, nur einige Straßen von der Altneuschul entfernt, die Dozenten der Medizin der Prager Universität zusammengekommen, um über die Anatomie, die inneren Organe des Menschen, zu beraten...

Der Golem durfte keine menschlichen Bedürfnisse haben, um im Felde seine lebendigen Gegner, die durstig, hungrig und armselige Sklaven ihres Leibes waren, zu übertreffen. Er sollte lediglich Lehm mit den Umrissen eines riesenhaften Ringers sein, nicht mehr. Lehm, dem nur der *Schem* — Kraft, die aus dem Ewigen quillt — Leben einhauchte. Jetzt war er zu Staub zerfallen. Das war das einzige, das er mit dem Menschen, dem Nachfahren des Sohnes der Erde, gemein hatte. Wir alle werden zu Staub, wie Adam aus ihm erstand.

Der Ewige war dem Gedanken nicht gewogen, Golem-Kolosse als Kämpfer, als tönerne Soldaten zum Schutz der Menschen in der Vertreibung zu schaffen. In den ersten Wochen und Monaten, in denen der Golem bei schweren Arbeiten im Haushalt des Rabbis half, zeigte sich der Schöpfer wohlwollend, aber den Gedanken einer kämpferischen Gegenwehr verwarf er. Er hatte mit seinem auserwählten Volk andere Absichten, die er jedoch in dem Augenblick, als der Rabbi dem Golem den *Schem* des Lebens in den Mund legte, nicht zu erkennen gab. Er wollte sie damals nicht einmal seinen treuen Diener Jehuda Löw wissen lassen.

Seine Absicht gab der Allmächtige erst später zu erkennen. Eines Freitag abends, als am Firmament der Abendstern aufging und das Kommen der Königin Sabbat ankündigte, ließ er den Rabbi vergessen, dem Golem — diesem ersten und letzten aller Golems — den *Schem* des Lebens aus dem Munde zu nehmen. Der Golem, ein Klumpen Materie, nicht zum auserwählten Volke gehörend, hatte kein Recht, am Ruhetag Sabbat zu leben. Daß es der Rabbi unterließ, den *Schem* aus seinem Munde zu entfernen, das war nicht einfach menschliches Vergessen, sondern der Ratschluß Gottes gewesen: Dem Prager Hohen Rabbi gingen die Augen auf, als er das zerstörende Wüten des Golems gewahrte. Darin lag der Sinn.

Ein höchst bedeutsamer Sinn. Das auserwählte Volk sollte wehrlos leiden und das Los, das ihm das Geschehen in der Verbannung auferlegte, widerstandslos ertragen. War nicht der eigentliche Sinn seines Auserwähltseins vor dem Antlitz des Schöpfers, daß es allen Verfolgungen und Vertreibungen, Pogromen, Massenmorden und Vernichtungsfeldzügen zum Trotz weiterlebte?

Was wäre in einem mehrtägigen Kampfe geschehen, in dem die Golems zum Schutze der Juden eingriffen? Sie hätten jeden feindlichen Angriff zurückgeschlagen, aber wer hätte ihnen während der Kämpfe den *Schem* des Lebens aus dem Munde genommen, wenn der Sabbat kam? Sie hätten sich — genau wie der erste Golem, des Rabbis schlichter Diener — plötzlich in blindwütige, alles vernichtende Materie verwandelt. Und das gegen den Feind gerichtete Wüten und Vernichten hätte sich dann zwangsläufig gegen sein Volk gekehrt. Und gegen den mächtigen Heerbann der Golems hätten sich die bisher uneinigen und einander befehdenden Gegner seines Volkes verbündet, um gemeinsam gegen diese Handvoll Menschen zu ziehen, welche die Golems zu ihrem Schutze ausgesandt hatten. Von der kleinen Schar hätte keiner überlebt. Sein Volk lebte weiter, weil es schwach war. Wäre es stark gewesen, hätte es die Zeit der Zerstreuung nicht überdauert. Das war der Sinn des Zeichens, das gegeben wurde. Das war der Sinn der Diaspora.

Dem Golem war es nicht beschieden, das unvergessene Blutbad in Prag vor zweihundertdreißig Jahren zu rächen. »Mache dir bewußt, vor wem du stehst«, kann man auf der Wand der Altneuschul in Zeichen geschrieben lesen. Die damals sein Volk mordeten, machten sich in diesen Augenblicken nicht bewußt, daß sie vor dem Antlitz des Ewigen standen, daß sie noch einmal vor ihm stehen würden, beim Jüngsten Gericht. Nur des Ewigen war die Rache.

Deshalb durfte der Golem kein Rächer sein.

Und noch einen Sinn hatte Golems Wüten am Feiertag des Sabbats. Der Ewige wollte nicht, daß jemand anderer sein Schöpfungswerk wiederholte. Der Mensch versteht es, Leben zu vernichten, aber Leben zu schaffen ist ausschließlich dem Einzigen gegeben, der unsere Welt erschaffen hat, mit den Wassern, die sie umspülen, der Luft, die wir atmen, und dem Firmament, das übersät ist mit unbekannten Sternenwelten.

Dem Einzigen, dem es gegeben ist zu bestimmen, wann unser Leben endet.

124

Auf der Schwelle des Zimmers erschien Jajra, seine Lieblingsenkelin. Sie schenkte ein stärkendes Getränk in eine Tasse und führte sie an seine schlaffen Lippen. Er trank langsam, in vollen Zügen. Mit einer Bewegung der Augenlider danke er Jajra, und seinen Mund umspielte ein leichtes Lächeln.

»Hast du einen Wunsch, Großvater?«

»Nein, mein liebes Kind!«

Sie wischte ihm mit einem feinen Tüchlein die Schweißperlen von der Stirn und strich seine Kissen glatt. Rabbi Löw verfiel erneut in seinen gedankenerfüllten Halbschlaf.

»Wer wird auf den Ewigen Berg gehen, und wer wird an seiner heiligen Stätte stehen?

Der unschuldige Hände hat und reinen Herzens ist.

Der nicht Lust hat zu loser Lehre und nicht falsch schwört.«

Diese Worte des vierundzwanzigsten Psalms kamen ihm in den Sinn. Erfüllte er nicht doch diese Forderung des Schöpfers? Aber nicht ihm würde es zukommen, sich zu beurteilen, sondern alles würde der Ewige zu beurteilen haben. Und Rabbi Löw wußte, daß er sehr bald vor das Antlitz des Schöpfers treten mußte... Nun träumte er. Er stand vor ihm, aber Der, dessen Name nicht ausgesprochen werden darf, hatte kein Menschengesicht. Es war die große Weisheit oder vielleicht der allwissende Blick, vielleicht auch nur ein Windhauch vom Sinai, der alle lenkende Kraft in sich barg, welche die Geschichte seines Volkes beherrschte.

»Es wird dir beschieden sein, im Gedenken deiner Zeitgenossen und ihrer Kinder und Kindeskinder bis ins zehnte, ja hundertste Geschlecht weiterzuleben. Dein Name wird in der Zerstreuung mit der Ehrfurcht, die großen Gelehrten gebührt, ausgesprochen werden. Aus den Anfangsbuchstaben meiner Schrift wird dein Name unter den Gelehrten erstehen. Zu deinem Grabe werden fromme Pilger wallfahren und zu dir beten, du mögest Fürbitte einlegen für die Erfüllung ihrer Wünsche, und kupferne, aber auch goldene Münzen dieser Bittsteller werden zu deinen Füßen niederfallen, und dir wird es vergönnt sein, ihre gerechten Bitten bei mir zu unterstützen. Ein solcher Platz wird dir in den Heerscharen meiner Treuen beschieden sein, großer Rabbi Jehuda Löw ben Bezalel!«

Und Rabbi Löw wurde im Halbschlaf gewahr, daß ein hauchzartes Lüftchen sein Haupt umwehte, seinen Mund öffnete und den *Schem* des Lebens herausnahm. Seine Glieder verloren ihre Lebendigkeit und verwandelten sich zu fühlloser Materie, da er zu denen zurückkehrte, von denen er gekommen war, ein Sohn der Erde, wie der erste Urvater Adam.

So ging der Maharal mi-Prag dahin.

Was der Autor aber aus einer anderen Quelle verraten darf und was Jehuda Löw zeitlebens nicht ahnte: Einer der Hörer jener Predigt über die Gedanken der Bücher des Glanzes und der Schöpfung, die er ein Jahr vor seinem Tod in der Altneusynagoge am Samstag zwischen den Hohen Feiertagen gehalten hatte, war ein junger polnischer Rabbiner, eben aus Lyon zurückgekehrt, wo die Anhänger der Kabbala unter den Glaubenslehrern viele ihnen verbundene Freunde besaßen. Er hielt den Inhalt von Löws Betrachtung mit der Feder fest und richtete sein künftiges Wirken nach diesen Gedanken aus. Seine Worte kamen nach Jahren dem berühmten *Baal-Schem-Tow* zu Ohren, von dem die Rede geht, daß er einer der ersten in der neuen Bewegung der *Chassiden* war. Im Osten berauschte man sich jedoch nicht nur mit den Gedanken der Kabbala, sondern auch mit Wodka, man erleichterte in Zeiten der Bedrängnis die Herzen mit Tanz und Fröhlichkeit.

Baal-Schem-Tow verbreitete die Gedanken der Bücher der Schöpfung und des Glanzes, denn sie bargen Hoffnung — und Hoffnung brauchen jene, die leiden.

So geschah es, daß auch Jehuda Löw, Sohn Bezalels, unter den Chassiden als einer der Vorgänger und vielleicht sogar als Lehrer des Baal-Schem-Tow angesehen wurde.

Was David Gans seinem rheinländischen Gast erzählte — oder Die Sage von der Sage

Es war in den späten Lebensjahren des Reb David Gans, dieses Prager Gelehrten, Mathematikers, Astronomen und Historikers — oder waren es wirklich schon seine letzten Lebensjahre? Weiß denn einer von uns, wann der Erzengel des Todes an sein Lager tritt und ihm eine helfende Hand reicht beim Überschreiten jener Lebensschwelle, über die wir in höhere, vollendetere Sphären gelangen, von denen die Kabbala träumt?

Es war die Zeit, welche der Erzähler nur unbestimmt als erstes Viertel des siebzehnten Jahrhunderts bezeichnet. Eine unruhige Periode, in der bereits jähe Umstürze keimten; sie war schon mit dem geladen, was kommen sollte: die Zeit, da sich die Brüder des herrschenden Habsburgergeschlechts gegeneinander erhoben, da Land gegen Land und Gegend gegen Gegend aufstand, päpstliche und gegenpäpstliche Christen sich bekriegten, Menschen, Güter und Dörfer aus reichen, fruchtbaren Ebenen verschwanden und nur Ruinen und leere Äcker zurückblieben; die Zeit, da Schweden und Bayern, Österreicher und Franzosen, Spanier und Flamen Europa kämpfend durchzogen, da einige Völker ihre Selbständigkeit verloren und andere dank der Trefflichkeit ihrer Feldherren siegten, um diese Erfolge dann auch voll Diplomatie auszunützen — kurzum: die Zeit der Umstürze, die Zeit des Dreißigjährigen Krieges, die Zeit, in der es geschah, daß die gestrigen Herren aus einem Tor der ihnen bisher gehörenden Stadt flohen, während die neuen Herren durch das Tor am entgegengesetzten Stadtende einzogen, die Zeit der weichlichen tanzenden Statuen und muskulösen Atlanten in den neuen Palästen jener, die mit Schwert und Wort rechtzeitig auf den künftigen Sieger gesetzt hatten und mit ihm der Ehren und Reichtümer teilhaftig wurden, eine Zeit, böse durch Vernichtung und gut dadurch, daß sie vereinzelt auch Schönheit erblühen ließ, böse durch Haß und Verfolgung und gut dadurch, daß sie zu gönnen verstand, eine Zeit der Narrheiten und Gegensätze, für welche die aus dem Portugiesischen stammende Bezeichnung »Barock« geprägt wurde.

Ja, die Zeit der Renaissance war zu Ende. Jene Dinge im Arbeitszimmer von David Gans in der Prager Judenstadt, die seinen rheinländischen Gast, Reb Jonas Wormser, noch an sie erinnerten, trugen zum Ruhme seines Gastgebers bei: Schränke und Regale voller Bücher, Handschriften und Konvoluten auf dem Arbeitstisch, ein seitlings gelegtes astronomisches Meßgerät.

Reb Jonas Wormser hatte vor etlichen Jahren in Worms Gansens beide Arbeiten gelesen: »Davids Sproß« und »Davids Schild«, Annalen der jüdischen Geschichte, die ihr Verfasser bis in die jüngst vergangenen Jahre weitergeführt hatte. Sein Gast wußte auch, daß Gans an einer dritten Arbeit mit dem Titel »Liebes und Angenehmes« schrieb, aber entschlossen war, das Manuskript erst nach seinem Tod erscheinen zu lassen, weil er darin auch die Ansichten der rudolfinischen Astronomen Tycho de Brahe und Johannes Kepler von der Sonne als Zentrum des ganzen Weltsystems darstellte und sich die unvermeidlichen Auseinandersetzungen über diese der Bibel widersprechenden Theorien ersparen wollte.

David Gans, der vielseitige Gelehrte, wirkte gewissermaßen als Erinnerung an die Vergangenheit, an die für ihre Bildung berühmte Zeit, in welcher auch die Prager Judenstadt in den Augen der Glaubensgenossen von Frankreich bis Polen und von Holstein bis Bayern zu unermeßlicher Höhe emporgestiegen war. Allein schon der Abglanz, welcher dank der Bekanntschaft und Zusammenarbeit mit dem verstorbenen Maharal mi-Prag — »unserem großen Lehrer Löw aus Prag«, wie dieser nun allgemein genannt wurde — auf Reb David Gans fiel, schuf einen gewissen Abstand zwischen dem still dasitzenden Gast und dem langsam im Zimmer hin und her wandelnden Gastgeber. Gansens weißer Vollbart zeugte von seinem fortgeschrittenen Alter, allein der Gelehrte bemühte sich, wenigstens mittels dieses Durchmessens des Zimmers den Augenblick hinauszuschieben, in dem er vielleicht nicht mehr stark genug war, um sich vom Stuhle zu erheben, und seine Knochen den gebrechlichen Körper vielleicht nicht mehr zu tragen vermochten.

Der rheinländische Gast trachtete danach, möglichst viel aus den Erinnerungen des David Gans an jene zu erfahren, die er persönlich gekannt hatte — an Rabbi Löw und seinen Freund, den Finanzier und Bürgermeister der Judenstadt, Mordechaj Maisl.

»Vielleicht das größte Unrecht, das dem Maharal mi-Prag zugefügt wurde, war die Ungunst der Witwe Frume Maisl. Sie konnte es dem

Rabbi nie verzeihn, daß er ihrem sterbenden Gemahl den Rat gab, in seinem Testament für die Armen der jüdischen Gemeinde große Legate auszusetzen, denn damit wurde die Aufmerksamkeit der kaiserlichen Beamten auf Maisls Vermögen gelenkt. Was aber nur wenige wissen, das ist, auf welche Weise Maisl sein Vermögen und somit auch seine Berühmtheit erlangte, Reb Jonas.« So erzählte David Gans mit seiner klangvollen, aber durch das Alter schon etwas geschwächten Stimme. »Es ist noch nicht viele Jahre her, daß Maisl aus unserer Mitte ging, und schon bilden sich Sagen...«

»Spielen Sie vielleicht auf die Sage von dem armen Jungen und den drei Goldstücken an?«

Der Gelehrte lächelte: »Die Sage vom Traum eines reichen Juden, der einmal Besitzer eines märchenhaften Vermögens sein würde? — Wissen Sie, wer gerne davon erzählte, als Mordechaj Maisl schon den ewigen Schlaf schlief? Jehuda Löw. Wer weiß, welche Sagen einst von ihm erzählt werden — und sie werden auch nur wenige Körnchen Wahrheit enthalten, genau wie die Sage von den drei Gulden.« David Gans winkte mit der Hand ins Leere.

Jonas Wormser kannte die Prager Sage, denn vor einiger Zeit hatte sie einer der »Schnorrer«, Erzähler und Bittgänger, die durch die Welt streifen, ins Rheingebiet gebracht. Dank diesen Wanderern blieb man auch mit den fernen Gemeinden im Exil verbunden. Der Erzähler stammte aus Posen, war durch Prag gewandert und wollte nach Lyon, einer damals wegen ihres religiösen Lebens bedeutenden Gemeinde. Die Sage lautete:

In dieser Judenstadt lebte einst ein Mann, welcher aufgrund seiner Bildung, seines Ansehens und Reichtums als Bürgermeister die erste Stelle in der Gemeinde einnahm.

Eines Tages hatte er einen seltsamen Traum. Seiner Tochter wächst in der Stadt ihr künftiger Gatte heran, und auf diesen wartet ein großer Schatz. Der Bürgermeister erkennt ihn daran, daß er ein in Papier gewickeltes Goldstück, welches der Bürgermeister auf den Fußsteig vor sein Haus gelegt hat, aufhebt.

Den ganzen Tag beachtete keiner die eingewickelte Münze auf dem Fußsteig. Erst in der Dämmerung lief ein dürftig gekleideter Knabe herbei, bückte sich schnell zu dem Fund und hastete mit ihm davon.

Dieser Traum des Bürgermeisters wiederholte sich in der zweiten und dritten Nacht, und gegen Abend des zweiten und des dritten Tages kam auch der Junge wieder, hob das Goldstück auf und lief mit ihm davon.

Beim dritten Mal aber ließ ihm der Prager jüdische Bürgermeister nachspüren. Als der Junge dann vor den Gemeindevorstand gerufen wurde, sagte er aus, daß er drei Nächte hintereinander im gleichen Traum angewiesen worden sei, zum Haus des Bürgermeisters zu gehen, wo er vor dem Fenster Geld finden würde, das seine Mutter für ihr Geschäft benötige...

Nun wußte der Bürgermeister der Judenstadt, daß er wirklich jenen Jungen vor sich hatte, der sein Schwiegersohn werden sollte. Darum sorgte er für seine Erziehung und Bildung, und Mordechaj Maisl wuchs zu einem gottesfürchtigen, kenntnisreichen Mitglied der Gemeinde heran. Die Tochter des Bürgermeisters wurde seine Frau.

Was aber nicht eintraf, war der im Traum verheißene Schatz für den Schwiegersohn... Da begann ihm der Schwiegervater auszuweichen, das Verhältnis der beiden trübte sich. Der junge Maisl verließ schließlich das Haus seines Schwiegervaters, um sich selbständig zu machen. Er gründete ein Eisenwarengeschäft und konnte dank seines Fleißes seiner Frau ein anständiges Dasein bieten, wenn auch nicht auf jenem Niveau, das sie von zu Hause gewöhnt war.

Eines Tages trat ein Bauer in den Eisenwarenladen und fragte Mordechaj Maisl, ob er ihm nicht verschiedene Feldgeräte bis zur nächsten Ernte auf Borg geben könnte. Nach der Ernte werde er zahlen. Als Pfand bringe er eine schwere Eisentruhe, die er zu Hause habe und nicht brauche. Der Bauer nahm einige Sicheln und Sensen, Hämmer und Nägel, Hacken und Spaten in Empfang und ging.

Die Erntezeit verfloß, und der ländliche Schuldner kam nicht. Als ein ganzes Jahr verstrichen und das Pfand verfallen war, nahm Mordechaj Maisl einen Hammer und öffnete die schwere Truhe: Goldstücke jeglicher Art und Herkunft, jagellonische und rudolfinische, solche aus den Zeiten Karls IV. und aus deutschen Hafenstädten glänzten ihm entgegen — Gold aus aller Welt.

»Das gehört mir nicht«, entschied Mordechaj Maisl, »ich warte noch ein Jahr, vielleicht erscheint der Schuldner.«

Als aber auch dieses Jahr verflossen war, entschloß er sich nach altem Brauch, den Bürgermeister der Judenstadt einzuweihen. Er suchte den Schwiegervater auf, von dem er zwar nicht herzlich, aber höflich empfangen wurde. Nachdem er berichtet hatte, was sich in der verpfändeten Truhe des Landmanns befand, vertraute ihm der Schwiegervater seinen einstigen Traum von den drei Goldmünzen und dem Knaben an, der dreimal unter das Fenster des Bürgermeisters kommen und die hingelegten Münzen holen würde. »Es geht hier um den Schatz, welchen der Allmächtige dir, Mordechaj Maisl, zugedacht hat«, erklärte der Bürgermeister dem Schwiegersohn. Und dies war der Grundstock für das Vermögen, aus welchem schließlich Maisls märchenhafte Hinterlassenschaft hervorging — nach seinem Tode beschlagnahmte ja die kaiserliche Kammer in seinem Haus an die sechshunderttausend Gulden...

»Diese Sage vom Schatze Maisls wird mit noch mehr Phantasie ausgemalt. Gnomen zeigten angeblich Maisls künftigem Schwiegervater auf seinem Weg durch die Gegend um die Stadt einen Schatz, den einer seiner Glaubensgenossen erhalten werde. Der Bürgermeister tauschte angeblich mit den Gnomen drei seiner Gulden für drei Gulden aus diesem Schatze ein und legte diese dann, in ein Papier eingeschlagen, vor sein Fenster...«

»Wundersame Formen nehmen Begebenheiten an, wenn sich die menschliche Phantasie ihrer bemächtigt, Reb David.« Der Gast des Gelehrten lächelte verständnisvoll.

»Und dennoch, die Sage von Maisls Schatz basiert auf einer wirklichen Grundlage, Reb Jonas. Mordechaj Maisl machte noch als junger Mann eine Erbschaft, und zwar keineswegs von einem Verwandten; aber sie war im Grunde gerecht — Maisl verdiente sie.«

»Ich würde diese Geschichte gern von Ihnen hören, Reb David!«

»Gut. Ich werde sie erzählen«, sagte der grauhaarige Hausherr und nickte ihm zu.

»Mordechaj Maisl wuchs in einer einfachen Familie auf. Sein Vater war ein nicht sehr begüterter, aber der Thora kundiger Mann, dessen Stimme in der Synagoge bei den Fleischläden, wohin die in der Nähe des Schlachthauses wohnenden Juden gingen, Gewicht besaß. Und Mordechaj Maisl war von Jugend auf genauso in der Thora gebildet wie sein Vater. Als junger Mann gründete er ein Eisenwarengeschäft,

131

verkaufte jedoch nicht nur die üblichen Geräte oder Dinge für den Haushalt, sondern auch Spezialwerkzeuge, welches die Schneider und Gerber, Stickerinnen und Goldschmiede benötigten. Und so trafen sich in seinem Laden Bauern sowie Leute aus den Stadtzünften, Hausfrauen und jüdische Handwerker. Damals war er schon Verwalter der Synagoge bei den Fleischläden und darum auch ein Mitglied des Judenrates der Gemeinde.

In jener Zeit starb einer der steinreichen Juden der Gemeinde, ein gewisser Jakob Saar. Ihm gehörte in der Judenstadt ein Eckhaus beim Kettentor zur Altstadt, eine für den Handel vorzüglich geeignete Lage, und Jakob Saar handelte auch sein ganzes Leben lang — und wurde reich. Nachkommen hatte ihm der Allmächtige versagt, so daß nach seinem Tode seine Witwe völlig vereinsamt dastand. Sie besaß lediglich einige entfernte Verwandte, die sich erst in der Zeit ihrer Trauer zu melden begannen. Ihren Mann hatte sie wirklich gern gehabt, und der Verlust erschütterte sie bis ins Mark, denn sein Tod nahm ihr den Sinn ihres Lebens. Geld brauchte sie keines, aber Trost, Hilfe und Rat, wie sie die Verzweiflung ihrer Witwenschaft überdauern und den Weg aus der Nacht der Hoffnungslosigkeit zu den Tagen des Lebens finden sollte.

In ihrer Bedrängnis hoffte sie auf die Hilfe des Judenrates der Gemeinde, an den sie sich wandte. Doch viele Witwen fallen solcher Hoffnungslosigkeit während des ersten Jahres anheim, ehe die Thora vom Anfang bis zum Ende verlesen wird. Ihre seelische Verfassung ist dieselbe, die Trauer tiefer oder oberflächlicher, aber im Grunde hauptsächlich ein Gefühl der Vereinsamung. Manche Witwen sind schlimmer dran, weil sie den Ernährer verloren haben, andere weil sie in einem Alter allein dastehen, in welchem das Blut noch aufbegehrt und die Sinne mit fiebriger Sehnsucht erfüllt. Und wie viele von ihnen sind überhaupt in der Lage, ganz allein für den Unterhalt ihrer Kinder zu sorgen?

Jakob Saars Witwe war nicht mehr jung, sie war reich und hatte keine Kinder zu versorgen. Darum betrachtete der Judenrat der Gemeinde ihren Fall als Angelegenheit, in der Zuspruch das einzige Hilfsmittel war und man im übrigen auf die barmherzige Zeit bauen konnte, welche den Schmerz um den Gatten allmählich abstumpft.

Nicht so der trotz seiner Jugend bedächtige Mordechaj Maisl. Er widmete der alternden Witwe viel Zeit, damit sie sich ihm in ihrer Vereinsamung anvertraue. Ließ sich denn für sie nicht eine Lösung finden? Etwas, womit sie sich beschäftigen konnte, um zu vergessen? Sie wollte nicht in ihrem verlassenen Hause bleiben, nicht in die Räume treten, in denen alles an den Verewigten erinnerte, und vor allem nicht seine Geschäfte weiterführen. Denn je länger sie im Hause weilte, um so schlimmer wurde ihre Trauer.

›Ich werde Ihnen Arbeit geben, Frau Saar‹, erklärte Mordechaj Maisl. ›Sie werden dafür sorgen, daß in meinem Geschäft Ordnung herrscht. Meine Frau wird sich dem Haushalt widmen, und ich werde Ihnen ein Gehalt zahlen, das Ihrer Mühewaltung entspricht. Es geht hauptsächlich darum, daß Sie diese Zeit der schweren Trauer überwinden.‹

Sie nahm sein Anerbieten dankbar an.

Fast ein Jahr half sie Mordechaj Maisl. Als die Zeit ihrer Trauer um war, dankte sie ihm dafür, daß er sie gerettet hatte. ›Ich werde Ihnen Ihre Tat niemals vergessen, Reb Mordechaj‹, sagte sie beim Scheiden, ›und Sie werden dieselbe nicht bereuen.‹

Er wußte, daß er das Geld, das er ihr für ihre Arbeit bezahlte, nicht hätte ausgeben müssen, weil normalerweise seine Frau diese Arbeit geleistet hätte, und das kostenlos. Aber Mordechaj Maisl hatte helfen wollen — und es auf Kosten seines Gewinnes getan. Und gerne.

Als er nach einiger Zeit erfuhr, daß die Witwe Jakob Saars schwer erkrankt und ihr Schicksal besiegelt sei, hatte er seine gute Tat bereits vergessen.

Kurz darauf erschien bei Mordechaj Maisl ein Bote mit der Bitte, er möge die Witwe Saar in ihrem Haus beim Kettentor besuchen, weil sie gerne mit ihm sprechen würde, aber ans Lager gefesselt sei.

›Sie waren der einzige, der mir seinerzeit in meiner Trauer half, Reb Mordechaj‹, begrüßte sie ihn und reichte ihm die Hand, aus welcher das Leben fast schon entflohen war. ›Ich ahnte nicht, daß ich meinen Gatten in der jenseitigen Welt so bald wiedersehen werde, bin aber dessen froh. Ich wollte Sie bitten, Reb Mordechaj, der Vollstrecker meines letzten Willens zu sein.‹

›Gern erfülle ich, was Sie bestimmen, Frau Rebekka. Ich werde mich um alles kümmern.‹

›Das Haus vermache ich meinen Verwandten. Tausend Dukaten vermache ich der Gemeinde. Und hier auf dem Tisch‹, sie wies auf einen ledernen Sack, ›ist ein Geschenk für Sie.‹

›Aber, Frau Rebekka, das ist doch…‹

›Benützen Sie mein Geschenk, wie Sie wollen‹, unterbrach ihn die Sterbende, ›für sich oder für andere, ganz nach Ihrem Ermessen. Der Judenrat unserer Gemeinde half mir nicht, als ich den größten Schmerz meines Lebens erlitt, aber Sie halfen mir — und auf ihre Kosten. Ich weiß, daß Sie meine Arbeit nicht brauchten, daß Sie mir nur helfen wollten, dabei Vergessen zu finden. Und dies geschah auch. Darum will ich heute mit meinem Geschenk Ihnen helfen. Ihre Gedanken sind gut und rein. Wenn Sie mit dem Geschenk andern helfen — um so besser. Dies ist alles, was ich Ihnen in meinen letzten Lebensstunden sagen wollte.‹

Sie schloß die Augen und drückte nur leicht die Hand des sich verabschiedenden Besuchers, als würde sie nicht mehr wahrnehmen, was ringsum vorging.

Mordechaj Maisl schaffte es kaum, den schweren ledernen Sack durch die wenigen Gassen zu schleppen, die das Haus beim Kettentor von dem Gäßchen bei den Fleischerläden trennten, in dem er wohnte… Es war schon spät abends, er war müde und wollte sich nicht über das Geschenk der Witwe erregen. Am folgenden Morgen würde er den schweren Sack öffnen und erfahren, was ihm Rebekka Saar zugedacht hatte.

Er traute seinen Augen kaum. Auf dem Tisch vor ihm breitete sich ein wirklicher Schatz aus, als er den Sack endlich geöffnet hatte. Vor den Augen seiner staunenden Frau zählte Mordechaj Maisl alle die goldenen Münzen verschiedenster Prägung; es waren achtzehntausend Gulden. Er versicherte sich des Schweigens seiner Frau.

In dieser Nacht nahm Rebekka Saar Abschied vom Leben. Ihre Verwandten erbten das geräumige Haus und stritten sich noch Generationen später deswegen. Die Judenstadt erbte tausend Gulden.

Mordechaj Maisl benützte das großmütige Geschenk, um seinen Unternehmungen eine andere Richtung zu geben. Dank dieses Schatzes wurde er zum reichen Finanzier, der Bürgern, Freiherren und schließlich auch dem Kaiser zu leihen begann. Der Schatz der Witwe ermöglichte es ihm, mit der Zeit sein Vermögen zu verdoppeln, zu

verdreifachen — und bis zu seinem Lebensende sogar zu verdreißig-
fachen! Aber es gestattete ihm auch, bisher nicht dagewesene Beträge
für die wichtigsten Bedürfnisse der Judenstadt zu spenden, deren Bürgermeister er schließlich wurde. So verhält es sich in Wahrheit mit dem Schatze Maisls.«

»Das ist fast unglaublich«, flüsterte der rheinländische Gast.

»Ja, die Wege, auf denen uns der Gerechte zu seinen Zielen führt,
sind manchmal unglaublich«, entgegnete leise der Gastgeber. »Und
auch nicht gerade…«

»Und werden Sie diese Wahrheit für die späteren Generationen festhalten, Reb David?«

»Nein. Es ist besser, daß sich die Leute Sagen erzählen, als daß sie
die Wahrheit kennen… Diese erschreckt oder führt zu Neid und
üblen Nachreden, während die Sage uns Träume schenkt und auch
die Bürde unserer wachen Augenblicke erleichtert. Wenn jene, die
Mordechaj Maisl noch persönlich kannten, fortgegangen sind und Rebekka Saars Verwandte nicht mehr hier sein werden, dann vielleicht…«

»Aber wenn Sie selbst sie nicht aufzeichnen, erlauben Sie mir, Reb
David…«

»Vielleicht. Doch erst in der Zukunft, Reb Jonas. Ebenso die Begebenheiten, welche die durch Europa wandernden Schnorrer im
Rheinland erzählen…«

»Amen!«

»Es geschehe!«

Reb David Gans hinterließ den künftigen Generationen wirklich
keinerlei Zeugnis über diese Begebenheit.

Seine Prager Glaubensgenossen erfuhren davon erst viele Jahre später, als der Rheinländer Reb Jonas Wormser sie für seine Freunde nie-
derschrieb. Oder sie ihnen nur erzählte?

Sie gelangte durch Weitererzählen und Weitererzählen gewiß verändert bei uns an, als Sage von der Sage. Und so hat sie auch jener aufgeschrieben, welcher dem Gedenken des Reb David Gans diese Zeilen
widmete.

Vom Alten Bad und der Synagoge des Salman Munk

Wieder verging viel Zeit, eine Zeit der bitteren Winter, frischen Lenze, glühenden Sommer und schwermütigen Herbste. Und im Gemach des Prager Hauses von David Gans in der Zigeunergasse saß wieder sein einstmaliger rheinländischer Gast Reb Jonas ben Noah, genannt Jonas Wormser. Der Gastgeber aber durchmaß während des Gespräches das Zimmer nicht mehr nach alter Gewohnheit, sondern erhob sich nur ab und zu mit Hilfe eines Stocks aus seinem Lehnstuhl, um zur Auffrischung seines Gedächtnisses ein Buch oder ein Heft herbeizuholen, das er für seine Erzählungen benötigte. Der rheinländische Gast weilte schon mehr als zwei Wochen in Prag und hatte den Gelehrten während dieser Zeit bereits mehrmals besucht.

Wieviel sie einander im Lauf dieser Tage erklärten oder andiskutierten, ist nirgends verzeichnet, sondern nur im Gedächtnis des Jonas Wormser bewahrt.

Nun machte der rheinländische Gast seinen Abschiedsbesuch, und David Gans löste sein Versprechen ein, ihm vor der Abreise eine besondere Begebenheit aus der ferneren Vergangenheit der Prager Gemeinde zu erzählen. Es war die Geschichte der Herrschaft des jüdischen Geschlechtes der Horowitz', eine Begebenheit, die er lächelnd als »Erzählung vom Alten Bad und der Synagoge des Salman Munk« bezeichnete. Doch er deutete an, daß sie nicht nur positive, sondern auch negative Seiten aufweise. »Wie unser Leben eben ist«, fügte er mit einem trüben Lächeln hinzu.

Auf diese Weise erfuhr Reb Jonas Wormser von einer Begebenheit, deren Schauplatz das jüdische Ghetto in Prag hundert Jahre zuvor, zu Beginn des sechzehnten Jahrhunderts, gewesen war.

Es war lange vor der Zeit, in der sich die Prager jüdische Gemeinschaft der Namen des Hohen Rabbiners Jehuda Löw, des »Maharal mi-Prag«, und des Finanziers Mordechaj Maisl, Gemeindevorsteher und Bürgermeister der Judenstadt, rühmen konnte. Daß man in der Welt neuerdings auch den Namen seines Gastgebers David Gans hinzufügte, erachtete Reb Jonas Wormser als selbstverständlich — schon wegen der Gelehrtheit und der Schriften von David Gans.

Dieser, Mathematiker, Historiker und Astronom, schenkte vor Be-

ginn des Erzählens aus einem umflochtenen Steingutkrug Wein ein.
»Wein vom Berge Carmel!«
Jonas Wormser hielt das Getränk gegen das Licht und durch-
forschte es mit dem Blick. Er bewunderte den Kelch aus böhmischem
Glase, der in seiner schlanken, hohen Form dem venezianischem Glase, welches auf dem Festland am meisten geschätzt wurde, durchaus
ebenbürtig war. David Gans konnte sich etwas gönnen, was zu jener
Zeit nur auf den Tafeln des Adels und der reichsten Bürger erschien,
und das durchaus nicht alle Tage. Dies zeugt vom hohen Niveau sei-
nes Geschmacks und von dem Wohlstand, den er sich mit seiner Arbeit erwarb. Wein aus dem Heiligen Lande!
»Wann die Horowitz' überhaupt nach Prag kamen, weiß ich nicht.
Zumindest ist es nirgends vermerkt. Aber Sie kennen ja die geheimen
Ankünfte in jenen Zeiten, als der Haß der Handwerkszünfte, deren
Repräsentanten Schöffen der Prager Altstadt waren, jegliches Wachstum unserer Gemeinde verhinderte und sich in den Anträgen zur
Vertreibung unserer Glaubensgenossen aus Prag entlud.« So begann
der alte Mann seine Erzählung. »Schon ihr Name zeugt davon, woher
sie kamen und wo ihre Vorfahren gewiß schon längere Zeit lebten:
Horowitz, tschechisch Hořovice, eine kleine, aber durch ihre Eisen-
gewinnung berühmte Stadt im Westen dieses Landes, nicht weit von
Pilsen. Wahrscheinlich gelangten die Horowitz', die aus dem Geschlecht der dienenden Priester, der Leviten, stammten, zur Zeit König Wenzels IV. von dort nach Prag. Die Stadt Hořovice gehörte
nämlich dem König, und darum liegt die Vermutung nahe, daß die
Horowitz', gewiß schon damals eine angesehene Familie, von König
Wenzel Schutz und Privilegien für die Übersiedlung nach Prag ver-
langten.
Sicher waren sie dem König mit Darlehen behilflich — und dieser
bezahlte dafür mit Privilegien. Folgendes bezeugt das: Die Horowitz'
stützten sich im Kampf um die Macht in der Prager Gemeinde auf
das Versprechen des Königs, daß sie zwei ihrer Familienmitglieder
und einen Rabbiner aus ihrer Sippe im Ältestenrat der Juden haben
würden. Dies war die Grundlage, auf welcher es ihnen binnen einer
Generation gelang, das Prager Ghetto zu beherrschen: Drei Stimmen
im Rat der Ältesten und dazu der Horowitzer Reichtum sowie die
Horowitzsche Bildung! Hierauf hätte auch ein weniger talentiertes

Geschlecht als sie die Herrschaft aufgebaut.« Der Erzähler benetzte seine Lippen mit einigen Tropfen des roten Trankes.

»Wir schätzen ja die Bildung über alles — und die Horowitz' waren nicht nur Rabbiner, sondern überragten die anderen Rabbiner noch an Bildung. Schon vor mehr als hundert Jahren war ihr Reichtum so groß, daß jeder, der unser Los kannte, sie anerkennen mußte. Wählen wir denn nicht in den Kreis unserer Gemeindeältesten gerade jene, die mit ihrem Vermögen gegenüber der königlichen Kammer für alles verantwortlich sind, was uns auferlegt wird? Sind es denn nicht gerade unsere Ältesten, die dafür haften, daß der benötigte Betrag immer aufgetrieben wird, um dem vorzubeugen, was allen schaden würde? Die Armen der Gemeinde, denen der Allmächtige keine irdischen Güter gab und die deshalb auf die Mildtätigkeit ihrer Brüder angewiesen sind, können nichts beisteuern. Also bleibt nur das Vermögen jener, die mit irdischen Gütern gesegnet sind.«

Jonas Wormser nickte still. So war es überall, in Köln und Lyon, Frankfurt und Leipzig: Ständig bedurften die Juden des Schutzes, und nur rasch aufgetriebene Beträge retteten oft die Glaubensgenossen vor dem Erlaß zum Verlassen der Städte oder vor der aufgehetzten Volksmenge. Für Geld wurden die Erlasse aufgehoben, für Gulden die Waffen der Beschützer schneller erhoben gegen die wütendsten Angriffe des rasenden Pöbels, auch wenn immer Blut floß. Geld half selbst beim Entscheiden von Zwisten: Ohne Bestechung entschieden die Richter stets gegen die Juden. Schon darum mußten im Rat der Ältesten der jüdischen Gemeinde die Mächtigen sitzen — und das waren immer die Wohlhabendsten.

»Was den Horowitz' neben den alten Privilegien in unserer Prager Gemeinde schier unbegrenzte Macht verlieh«, fuhr David Gans fort, »das war die wunderbare Verschmelzung von gesellschaftlicher Bedeutung, Reichtum und religiöser Bildung. Ältester der Gemeinde und sich der Stimmen zweier Verwandter — darunter auch eines Rabbiners — sicher sein, Levit sein, der gleich nach dem Priestergeschlecht als zweiter zur Thora aufgerufen wird, und Geld zu haben, dies würde an sich schon so starken Einfluß bringen, daß sich alle weniger Reichen und nach dem Geschlecht weniger Bedeutenden beugen müßten. Aber die Horowitz' — und das muß ihnen jeder lassen, der ihre Prager Vergangenheit verfolgt — waren Menschen, die ihre religiöse Bildung und Gläubigkeit auch in Taten umsetzten, die ihnen ein unvergängliches Andenken sichern.

Unser Geschlecht besitzt schon über hundert Jahre ein Gebetbuch...« Reb David Gans erhob sich mühsam, aber doch elastisch aus seinem Lehnstuhl, griff in ein Regal und nahm einen Band heraus. »Es ist in Prag erschienen, wäre aber zweifellos nicht gedruckt worden, hätte nicht der Levit Saiah ben Ascher Horowitz durch seine Unterstützung den Druck durchgesetzt. Es war im Jahre 1512 der üblichen Zeitrechnung, Reb Jonas.« David Gans sah in seinem Vergleich der Zeitrechnungen nach, den er als Hilfsmittel auf dem Tisch liegen hatte. »Damals war Saiah ben Ascher Horowitz Bürgermeister der jüdischen Gemeinde, also der mächtigste Mann unter unseren Vorfahren hier in Prag.«

»Jüdischer Prager Druck — und schon über hundert Jahre alt!« Reb Jonas Wormser sah das Gebetbuch bewundernd an. »Damals begann der Stern der Prager Gemeinde, die wir nun schon ›Mutter in Israel‹ nennen, mächtig an unserem Himmel zu prangen!«

»Venedig, Prag und Posen — das sind die Wiegen der im Druck herausgekommenen jüdischen Bücher«, sagte Reb David Gans. »Heute allerdings sind es ihrer zehnmal so viele — allein in Prag die Drucke unserer Gersoniden. Ihre Druckerei wird für besser gehalten als die venezianischen.«

»Und wie geht die Geschichte der Horowitz' weiter?« fragte Jonas Wormser den etwas vom Wege der Erzählung abgekommenen Gastgeber — und schämte sich noch lange danach für seine unzarte Gradheit. Reb David aber nahm die Frage mit gelassener Liebenswürdigkeit auf.

»Ja, die Horowitz'. Vor hundert Jahren war ein anderer Horowitz das Haupt der Synagoge — Sabbatai Schäftel. Er verfaßte eine ›Abhandlung über die Seele‹ und erwarb sich damit Ruhm bis zu den Tagen seines Todes. Außerdem befaßte er sich mit kabbalistischen Schriften, wie wir sie aus spanischen, französischen und neuerdings auch polnischen Quellen kennen...«

»Und aus den Quellen des Heiligen Landes, Reb David«, ergänzte der Gast aus dem Rheinland.

»Ihr habt recht, Freund, auch wenn wir aus Tiberias nur mündliche Nachrichten darüber haben, wie reich dort das Denken von der Verbesserung der Welt durch die Macht der Kabbala blüht«, sagte David Gans mit einem Nicken. »Darum zieht es jetzt so viele unruhige, wißbegierige Geister ins Heilige Land. Doch darauf kommen wir später zurück. Außer dem Kabbalisten Sabbatai Schäftel Horowitz gab es noch seinen Sohn und seinen Enkel, beide in unserem Gedenken nicht weniger bedeutend. Abraham Horowitz, Schäftels Sohn und darum Schäfteles genannt, schrieb einige Werke über den Schöpfer. Und sein Sohn? Ein heiliger Mensch!«

»Reb Isaias Horowitz?«

»Ja. Rabbiner in Frankfurt, Posen, dann in Krakau und Prag — und ein Mann, der schon eine ganze Reihe religiöser Traktate herausgab...«

»Ich weiß. Ich erhalte sie immer direkt vom Drucker aus Amsterdam, Reb David.«

»Isaias Horowitz wurde in Prag der weltlichen Zeitrechnung nach um die Mitte des vergangenen Jahrhunderts geboren, Reb Jonas. Schon als Kind ließ er tiefe Weisheit in Sachen Bibel und ihrer Auslegung erkennen. Er kam in einer Zeit zur Welt, als auf die Familie Horowitz nur noch ein Abglanz geistigen Ruhmes fiel, als in der Prager Gemeinde die Horowitz' endlich in den Hintergrund getreten waren, was eine Menge Gründe hatte. Der wichtigste war die Ausweisung der Juden aus Prag durch König Ferdinand. Damals gelangten andere an die Spitze der Gemeinde...«

»Und Isaias Horowitz?«

»Ist ein unruhiges Blut. Es ist seine Sehnsucht, Gegenden kennenzulernen, in denen sich Spuren unserer Vorfahren finden. Immer wieder reist er ins Heilige Land, sofern es ihm seine Gesundheit gestattet. Er hofft und wünscht sich, daß ihn der Allmächtige einmal aus jenen Stätten, aus denen wir von römischer Herrschsucht und Roheit vertrieben wurden, zu sich beruft...«

»Möge ihm dieser Wunsch wegen seiner Frömmigkeit in Erfüllung gehen«, sagte Jonas Wormser leise. »Ich weiß, wie sehr seine Werke von unseren Rabbinern geschätzt werden. Wie war denn die Herrschaft der Horowitz' in Ihrer Gemeinde?«

»Sie herrschten einige Generationen hindurch in der Prager Gemeinde, und ihre Macht stand auf festen Pfeilern. Vor hundert Jahren war die jüdische Stadt lange nicht so übervölkert wie heute. Die Menschen wohnten nicht zu zehnt in einer Stube, zwischen den Häusern war noch nicht jede Lücke verbaut, und keine Familien zogen in Kellerwohnungen, in denen heute so viele hausen, daß jede Überschwemmung ein Viertel unserer Gemeinde bedroht, weil das Wasser nicht nur in die unterirdischen, sondern auch die ebenerdigen Räume eindringt.

Damals gab es auch andere Probleme als jene, die unsere Ältesten heute beschäftigen, Reb Jonas. In den ungepflasterten Gassen bildete sich weitaus mehr Schlamm, und man mußte wenigstens irgendwie den Durchgang frei halten — damit ernährten sich die Armen, indem sie den Schlamm forträumten und im Winter den Schnee.

Die Beerdigungsbrüderschaft existierte noch nicht, und so gab es bei unerwarteten Todesfällen irgendeines einsamen Menschen Beschuldigungen, weil sein Eigentum einfach verschwand… Es war nötig, daß man sich wenigstens ein bißchen um alle die Armen kümmerte, die nicht fähig waren, sich selbst zu ernähren. Für sie bedeutete der Dienst bei der jüdischen Gemeinde die Rettung. Die Stellen vergaben die Ältesten der Gemeinde — und das waren die Horowitz', die stärksten im Rat und oftmals als Bürgermeister beamtet… Es galt als großes Glück, die Stelle des Tempeldieners in irgendeiner Synagoge zu erhalten; ihm oblagen die Bedienung des rituellen Tauchbades, das rituelle Schächten, dann das Backen ungesäuerten Brotes vor den Pessachfeiertagen, vor dem Feiertag Laubhüttenfest, das Schmücken der Gebetshäuser und Wohnungen mit grünen Zweigen, Hilfsdienste vor dem Neujahrsfeiertag und dem Versöhnungstag, das Waschen und Bestatten der Toten, Einziehen der Gemeindeabgaben, Hilfeleistungen für Kranke und Hilflose sowie auch regelmäßige Feuerwachen, auf denen die Schöffen der Prager Altstadt als jüdischer Ordnungshilfe bestanden. Und so waren all jene, die aufgrund der Entscheidung der Gemeindeältesten eine Stellung erhielten und ihren Lebensunterhalt verdienen konnten, gleichzeitig die Stützen ihrer Macht — eben der Horowitzer Macht.«

»Die ganze Gemeinde kapitulierte also vor einer einzigen mächtigen Familie?«

»Nicht die ganze. Es gab noch jene Menschen, welche die Mittelschicht repräsentierten, weder sehr reich noch arm waren und dank ihrer Zahl und ihrer Arbeit ziemliche Bedeutung besaßen. Vor allem

Leute aus ihren Reihen beklagten sich bei Reisen ins Ausland oder bei Händlern, die von anderswo nach Prag kamen, über die Zustände in der Prager Gemeinde und über die Allmacht sowie die Privilegien der Horowitz'. Sie beklagten sich nicht nur, sondern baten regelrecht um Hilfe.

Zwischen uns besteht seit jeher ein gewisser Zusammenhalt, der sich in unserem Exil noch verstärkte. Und vielleicht veranlaßte gerade das Bewußtsein, daß man dort helfen muß, wo es nötig ist, die Häupter der jüdischen Gemeinden in Italien und Deutschland, sich für die Zustände in der Prager Gemeinde und die Unzufriedenheit mit der Horowitzschen Oberherrschaft zu interessieren — und schließlich auch zu handeln.«

Reb David Gans setzte seine schmale, eiförmige Brille auf und erhob sich mühsam ein wenig aus dem Lehnstuhl, um nach einem kleinen Stoß auf dem Arbeitstisch liegender Schriften zu greifen. Seine alten Hände mit den hervortretenden Adern wühlten so lange in den Blättern, bis er gefunden hatte, was er suchte.

Dann las er sorgsam seine hebräischen Aufzeichnungen durch und legte sie mit einem zufriedenen Lächeln wieder weg. Er erzählte weiter:

»Mit Geleit seines Kurfürsten, des kölnischen Erzbischofs, wurde ein Mann nach Prag gesandt, der von rabbinischen Autoritäten Italiens und Deutschlands zum Verhandeln über eine Regelung der Herrschaft in der Prager Jüdischen Gemeinde bevollmächtigt worden war. Reb Josel aus Rosheim kam zweifellos mit guten Absichten und gedachte die Angelegenheit bestmöglich zu lösen. Aber er verließ sich zu sehr auf die Autorität jener, die ihn gesandt hatten, doch auf diese Entfernung die wirkliche Situation nicht richtig einzuschätzen vermochten. Außerdem war Reb Josel aus Rosheim kein guter Taktiker.

Nach seiner Ankunft in Prag schlug er seinen Wohnsitz bei einem der Horowitzschen Gegner auf, besser gesagt, bei einem von jenen, welche die Machtverhältnisse in der Prager Gemeinde zuungunsten der Horowitz' ändern wollten. Und er suchte sogleich jene aus dem Rat der Ältesten auf, die den Horowitz' nicht sehr gewogen waren. Damit offenbarte er, warum er gekommen war und wo er stand. Vorläufig besuchte er keinen der Horowitz', obwohl er als ausländischer Ankömmling dem Gemeindevorsteher, der ein Horowitz war, einen

Höflichkeitsbesuch hätte abstatten müssen. Er begann mit der nicht unbemittelten, aber einflußlosen Gruppe der Horowitz-Gegner intensiv zu verhandeln, so daß die Horowitz' schon wenige Tage nach seinem Eintreffen eine klare Vorstellung davon hatten, worauf der Fremdling abzielte: auf die Beendigung ihrer Herrschaft.

Reb Josel beantragte nämlich ein neues Statut für die Gemeinde, das den Horowitz' alle Privilegien absprechen sollte. Und er sammelte in der Gemeinde die Unterschriften jener, welche diese Lösung unterstützten. Tatsächlich fanden sich vierhundert Personen, die vor der Horowitzer Macht nicht zu Kreuze krochen und unterschrieben. Zu ihnen gehörte auch Abraham ben Avigdor, der ehrwürdige Vorsitzende des rabbinischen Gerichtes. Die Horowitz' beobachteten das Beginnen des Fremden von Anfang an und waren genau über ihn informiert. Aber nun mußten sie handeln, wollten sie nicht den Zusammenbruch ihrer langjährigen Herrschaft erleben.«

»Gut informiert, Reb David! Von wem?« fragte der Gast aus dem Rheinland.

»Kann denn das Vorgehen eines Fremden geheim bleiben im kleinen Kreis des eingeengten Ghettos, dessen Oberhaupt seine Leute überall hat? Es sind alle jene, die auf ein paar Groschen jährlich aus den Mitteln der Gemeinde hoffen.

Und auch in der Gruppe der Horowitz-Gegner fanden sich Leute mit zwei Gesichtern. Unehrliche, die auf irgendeine Weise den Horowitz' sofort meldeten, was Reb Josel aus Rosheim sagte, was er plante und was er durchsetzen wollte.«

»Leute mit zwei Gesichtern? Ja! Ich kenne auch Leute, die anders denken, als sie reden und handeln, Reb David!« Der rheinländische Gast machte eine Bewegung mit der Hand. »Und was taten nun die Horowitz'?«

»Sie ließen sich auf keine direkten Verhandlungen mit Reb Josel ein, ihnen genügte einfache Intrige. In der Prager Gemeinde kursierten plötzlich verläßliche Nachrichten des Inhalts, daß die Horowitz' ›das nicht hinnehmen werden‹, daß die ihnen vom König verliehenen Privilegien von keinem andern als dem König aufgehoben werden könnten — und weitere ähnliche Mären. Eine lautete dann, daß die Horowitzer einen Anschlag auf Reb Josels Leben planten.«

»Taten sie das wirklich, Reb David?«

»Ich möchte sagen, mit Worten, aber keineswegs mit Taten.«
Es handelte sich um eine der Drohungen, die wirken sollen, aber niemals ausgeführt werden. Einschüchterung, das war die Absicht des Gemeindevorstehers Aron Meschulam Horowitz, genannt Salman Munk. Er wußte, daß es letztendlich jedem, auch dem edelsten und gebildetsten Menschen, nur um eines geht, nämlich um das eigene Leben. Und das Leben nur zu opfern, damit die Herrschaft der Horowitz' in Prag endete – dafür schien dem Reb Josel sein Leben zu teuer. Einige Nächte hindurch warf er sich unruhig auf seinem Lager hin und her und schlief erst in den Morgenstunden ein – so erzählte man sich in der ganzen Gemeinde.

Geht es wirklich um die Verkürzung meines Daseins? fragte er seine nächsten Freunde – aber er erhielt keine Antwort. Als dann der Feiertag des Sabbats kam, wurde Reb Josel aus Rosheim in der Altneusynagoge in seiner Eigenschaft als Ehrengast unter den ersten zur Thora ausgerufen. Doch dies war nur die Ruhe vor dem Sturm.

Es kam nämlich zwangsläufig zum Zusammenstoß. Ein Kreis von fünf Repräsentanten der Horowitzer Gegner trat zusammen, und das ganz öffentlich. An ihrer Spitze stand Reb Josel. Nun schon direkt von seinen Unterstützern beauftragt, übergab er dem Salman Munk den Antrag auf Änderung der Gemeindestatuten.

Die Unterschriften zeugten von der Stärke der Bewegung, die Gegenwart Josels vom Interesse des Auslands. Wie würden sich die bisherigen Herrscher dagegen stellen?

Zum erstenmal standen einander die beiden schon historischen Gestalten gegenüber: der ein wenig asthmatische, abgemagerte, unruhige Reb Josel und der stattliche Horowitz, im Blick einen Ausdruck von Stärke, im Innern entschlossen, das Inkrafttreten des neuen Statuts zu verhindern.

Die Zusammenkunft verlief keineswegs stürmisch, sondern mit allen Anzeichen äußerer Höflichkeit, mit den üblichen Grüßen wie ›Friede dem, der da kommt‹ und so weiter. Aber der nicht sonderlich gebildete Fremdling, Bevollmächtigter italienischer und deutscher Kreise, stand einem hier aufgewachsenen Menschen gegenüber, der sich auf das königliche Privileg stützte, auf die Bildung seines Geschlechts und auf die Phalanx derer, die von seiner Macht abhängig waren.

Aron Meschulam Horowitz verlangte eine Woche Zeit zur Prüfung des Antrags, seiner Verhandlung im Ältestenrat und Formulierung der endgültigen Antwort.

Reb Josel und seine Freunde erhielten also einen Bescheid, jedoch einen anderen, als sie erwartet hatten.

Noch am selben Tag brach gegen Josel aus Rosheim in unserer Gemeinde ein Aufstand aus. Ob auf Salman Munks Weisung oder nicht, konnte niemand feststellen. Der Bürgermeister erklärte dann öffentlich, er habe keinerlei Weisung zum Aufstand gegeben, und zwar darum, weil er seine Position für so fest erachte, daß er es nicht nötig habe, mit Gewalt vorzugehen. Sicher ist jedoch, daß den Aufstand ein anderer, mit dem Vorsteher Aron Meschulam nur weitläufig verwandter Horowitz anführte. Er hieß Ysaias und war das schwarze Schaf der Familie. Schon seit seiner Jugend galt er den einen als Narr, den andern als Mensch, der stets die sonderbarsten, ausgefallensten Ideen übernahm, die auf irgendeinem Weg in unsere Gemeinde gelangten. Dieser Ysaias Horowitz hetzte angeblich ohne jede Weisung, ganz aus eigener Initiative, einige der von den Horowitz' abhängigen Leute auf, sich gegen Reb Josel zu erheben. Diesen schlossen sich einige andere an, die ebenfalls um ihre Ernährung durch die Horowitz' bangten. Die Menge wuchs von Minute zu Minute, die Zusammenrottung nahm immer größere Ausmaße an, und Reb Josel verlor aus Angst um sein Leben den Kopf. Freunde halfen ihm über die Grenze der jüdischen Gemeinde, damit er am königlichen Hof Schutz suchen konnte. Dort wurde ihm auch Asyl gewährt, weil er ja das Geleit des Kölner Kurfürsten hatte. Seinem Antrag aber wurde die Unterstützung verweigert.

Dank der Flucht aus dem Ghetto kam er also mit dem Leben davon, aber damit endeten auch seine Reformbestrebungen. Die Zusammenrottung löste sich auf, wofür Aron Meschulam Horowitz persönlich sorgte, damit nicht etwa die Altstädter Schöffen oder Büttel aus der Burg einschritten. Als sich die Erregung in der Gemeinde gelegt hatte, kehrten die Prager Juden zur alten Ordnung zurück, und Reb Josel verließ Prag, ohne seinen Auftrag erledigt zu haben. Wer nicht siegt, muß das Feld räumen. Und Reb Josel räumte es den Horowitz'.«

»Und was für ein Schicksal war jenem Ysaias Horowitz beschieden, der den Aufstand angeführt hatte?«

»Aron Meschulam Horowitz gab Weisung, Ysaias in den Kerker zu werfen und ihn Zeit seines Lebens nicht mehr heraus zu lassen. Angeblich kam Ysaias hinter den Gittern um den Verstand. Aber nach mehr als einer Generation, nach der weltlichen Zeitrechnung im Jahre 1568, wurde es nötig, zur Tilgung irgendeiner schweren Schuld unserer Glaubensgenossen — die Annalen berichten nicht, worum es überhaupt ging — einen Juden auszuliefern. Und da übergab man den Schöffen der Altstadt den angeblich Schuldigen, nämlich den grauhaarigen und schon schwachsinnigen Ysaias Horowitz, der also fast am Ende seines Lebens in der Altstadt verbrannt werden sollte. Dies war ein wenig symbolisch: Er bezahlte nun mit dem Leben, aber für eine längst vergangene Schuld. Und als würden in diesem rächenden Feuer auch die Erinnerungen an die einst so mächtige Familie Horowitz verbrannt, deren Herrschaft Ferdinands Landesverweisungserlaß zerstörte, änderte Ferdinand dann die Verhältnisse in unserem Ghetto völlig. Das ist die Geschichte von der Herrschaft der Familie Horowitz in Prag.«

»Sie wollten mir aber auch die Geschichte vom Alten Bad und der Synagoge des Salman Munk erzählen, Reb David!«

»Ich weiß, mein teurer Freund. Dazu komme ich jetzt. Es ließen sich mehrere geistreiche Abschlüsse der Erzählung finden, die Sie eben hörten, dieser dürfte jedoch der beste sein.

Sowohl Reb Josel aus Rosheim als auch Aron Meschulam Horowitz bezahlten für ihren stillen Zusammenstoß. Reb Josel, der nach seinem Prager Mißerfolg die Achtung seiner Gemeinde verlor, starb kurz nach seiner Heimkehr aus Prag. Und Salman Munk wurde bald nach seinem Zusammenstoß mit Reb Josel von einer Herzschwäche befallen, er erlitt einen Schlaganfall, wie es der Volksmund seit Urzeiten nennt. Doch sein fester Charakter beugte sich nicht. Salman Munk kam wieder auf die Beine und ließ zum Zeichen seines Sieges für das Geschlecht der Horowitz' am Rande des Horowitzer Friedhofes — Garten des Lebens nennen wir ihn — eine Synagoge im neuen, aus Italien auf uns überkommenen Stil erbauen. Die Horowitzer scheuten für ihr Heiligtum keine Kosten. Sie hatten alles, einen Rabbiner, eine Synagoge, eigene Schächtung, den Vorsitz in der Gemeinde und den Ruf inbrünstiger Gläubigkeit. Salman Munk beging nur einen einzigen Fehler: Er ließ beim Bau der Familiensynagoge den Quell, der aus dem Untergrund des Baus sprudelte, zumauern.

Aron Meschulam wußte nicht, daß aus diesem Quell vor Zeiten das rituelle Reinigungsbad gespeist worden war. Das kleine Gebetshaus, das ihn einst überwölbt hatte, war längst vom Zahn der Zeit vernichtet in Vergessenheit geraten. Salman Munk meinte, daß er auf völlig neuem, unbebautem Grund baue. So entstand die wunderschöne Renaissance-Synagoge am südlichen Rand unseres heutigen Friedhofes.«

»Die Pinkassynagoge ist also die Synagoge des Salman Munk?«

»Ja. Doch weil er sie zur Erinnerung an seinen unreinen Sieg erbauen ließ, gibt der alte Quell keine Ruhe, und das Tauchbad unserer Ururgroßmütter macht sich ständig bemerkbar. Das Wasser sickert durch die Mauern der Synagoge des Salman Munk, zeigt an, daß hier ein Unrecht geschah, und rächt sich damit, daß die Mauern der Pinkassynagoge ständig feucht sind. Der Sage nach werden sie nicht trocknen, solange das Alte Bad nicht wenigstens symbolisch erneuert wird und eine unberührte Jungfrau, Tochter eines Prager Gemeindevorstandes, sich darin reinigt... Weil dies bisher nicht geschah und wohl auch nicht geschehen wird, behält die Synagoge des Salman Munk ihren Fehler wohl für alle Zeiten.

Das ist alles, Reb Jonas. Vielleicht sollten wir den Rest des Weines vom Berge Carmel austrinken — meine Erzählung ist zu Ende.«

Nach Jahren hielt der rheinländische Gast dies alles schriftlich fest. Seine Aufzeichnungen auf längst vergilbten, geschwärzten und sich krümmenden Blättern besitzen noch heute die Wahrheitskraft der Erzählung des Gelehrten und den Zauber jener alten Zeit, die uns bereits entrückt ist.

Seltsam mutet aber eine Anmerkung an, die von fremder Hand an den Rand eines der Blätter geschrieben wurde: Vierzehn Jahre, nachdem der Prager Gelehrte David Gans dem Reb Jonas Wormser die obigen Begebenheiten erzählte, starb weit von hier, in Tiberias, der letzte gelehrte Nachkomme des einst so berühmten Geschlechtes der Horowitz', der einstige Frankfurter und Prager Rabbiner Isaias Horowitz. Jener, dessen Name nicht ausgesprochen werden soll, erfüllte den Wunsch dieses Frommen, wie man ihn nannte, im Heiligen Land zu sterben.

147

Mene Tekel

Aus dem schweren, eisenbeschlagenen Tor des Adelsgefängnisses trat ein schmächtiger kleiner Mann in einem Wams mit spanischer Halskrause, enganliegenden schwarzen Hosen und Schnabelschuhen, die mit silbernen Spangen verziert waren. Seine seit Monaten nur an das Dunkel des Kerkers gewöhnten Augen blinzelten geblendet im Licht des Prager Burghofes. Der Mann schaute sich um, als suche er jemanden. In seinem Gesicht zeichnete sich Unsicherheit ab. Die ganze Umgebung schien die gleiche zu sein wie vor neun Monaten, als er ins Gefängnis geworfen worden war, aber Jakob Bassevi von Treuenberg wußte sehr wohl, daß nichts mehr so war wie damals. Er trug zwar die gleiche Adelstracht, die nur vom Liegen in der Kleiderkammer des Gefängnisses zerdrückt und wie beschmutzt war, auch der kurze Degen hing wieder an seinem Gürtel, aber vieles war verloren: Vor allem die Gunst Kaiser Ferdinands II., der er sich vordem erfreut hatte, weil er, ein Jude und drei Jahrzehnte lang Hofjude, im Jahre 1621 das Steuersystem sowie die gesamten Finanzen des Landes Böhmen, die durch den Aufstand der protestantischen Herren völlig zerrüttet gewesen waren, in Ordnung gebracht hatte. Verloren war jedoch weit mehr, verloren war das Selbstbewußtsein.

Das Selbstbewußtsein eines Bankiers, der bis vor kurzem zu den Wohlhabendsten des Habsburgerreiches gehört hatte. Das Selbstbewußtsein eines Mannes, der in diesem Lande als erster Jude für seine Verdienste das Adelsprädikat erworben hatte. Das Selbstbewußtsein eines Mannes, der sich jederzeit am kaiserlichen Hofe bei den höchsten Beamten anmelden konnte und augenblicklich von ihnen empfangen wurde. Das Selbstbewußtsein eines Adeligen, der in Verbindung stand mit Albrecht von Waldstein, Herzog zu Friedland, dem langjährigen Generalissimus der kaiserlichen Armeen, und mit dem Fürsten von Liechtenstein, dem allzeit getreuen Statthalter des Kaisers im aufständischen Königreich Böhmen. Er hatte 1621 mit ihnen zusammen voll Wagemut ein Konsortium zum Ankauf und Verkauf von konfiszierten Gütern der rebellischen Stände gebildet und, selbst Adeliger, als Gleicher unter Gleichen mit ihnen verhandelt, denn sie besaßen die Macht und mehr oder minder ausgedehnte Herrschaften, aber nicht genügend finanzielle Mittel, um für neuerworbene Güter

Geld in die leeren kaiserlichen Kassen abführen zu können. Er, Jakob Bassevi von Treuenberg, hatte keine Sehnsucht nach ausgedehnten Gütern; er begnügte sich mit dem kleinen Schlößchen Treuenberg, das er schon vor Jahren gekauft und nach dem er das Adelsprädikat erhalten hatte. Er war stolz auf sein zwar junges, aber prunkvolles Wappen, das einen blauen Löwen mit einem roten Stern auf schwarzem Grund zeigte. Die Erhebung in den Freiherrenstand am Anfang des 17. Jahrhunderts war ein großer Sprung im Vergleich zu allen bisherigen Privilegien, die ihm Kaiser Rudolf II. gewährt und die dessen Nachfolger auf dem Kaiserthron, Matthias und Ferdinand II., bestätigt hatten. Er genoß das Vorrecht einer eigenen rituellen Schächtung, das Privileg, eine private Synagoge zu erhalten und einen eigenen Rabbiner zu beschäftigen, und er war von allen Steuern befreit. Was war der ehemalige Hofjude Jakob Bassevi gegen den neuen Freiherrn von Treuenberg? Der erste Adelige in der Judenstadt Prags zu sein, dies war ein Triumph, wie er ihn in seinen kühnsten Träumen nicht erhofft hatte.

Er hatte sich von seinem Instinkt leiten lassen, und wie sich zeigte, war es richtig gewesen, nicht auf die rebellierenden Herren zu setzen, sondern auf den herrschenden Kaiser und König aus dem Hause Habsburg. Vielleicht war es der jahrhundertelang angewandte Grundsatz der Menschen in der Diaspora, dem Herrschenden zu dienen, um nicht in der Hölle der Zerstreuung zu enden.

Die Widerstandsbewegung entwickelte sich vielversprechend. Aber was — so sagte er sich —, wenn ihre Kraft nicht reichen wird, um die weitaus stärkere Macht der Habsburger zu brechen? Sollten wider Erwarten die protestantischen Stände siegen, ist immer noch genug Zeit, sich den Siegern anzuschließen, und es wird nicht einmal nötig sein sie aufzusuchen, denn wenn die aufständischen Herren ihre Söldner und Beamten bezahlen und überhaupt gut regieren wollen, werden sie von selbst zu Jakob Bassevi kommen. Solche Überlegungen stellte er in den unsicheren Jahren 1618 bis 1621 an.

Nach der Niederwerfung des Aufstands der protestantischen Herren erkannte Jakob Bassevi sofort, was die kaiserliche Kasse benötigte, und handelte entschlossen. Er suchte die reichsten katholischen Herren der verschiedenen Gegenden auf und appellierte an sie, rasch hohe Summen zu zahlen, um sich die kaiserliche Gunst noch stärker zu sichern. Stets gelang es ihm, sie dahin zu bringen, daß sie soviel an Steuern abführten, wie er ihnen im Geiste bei seinen gründlichen Überlegungen über die Steuerveranlagung vorgeschrieben hatte. Er bekam auch Steuergelder von den Unterlegenen. Sie mußten zahlen, weil sie sich in ziemlicher Gefahr befanden. War ihr Schicksal nicht schon besiegelt, so war es in den nächsten Jahren zumindest sehr ungewiß. Unternehmen konnten sie ohnehin nichts, weil ja niemals etwas gegen einen Sieger unternommen werden kann, der das Land völlig beherrscht. Das eigene Vermögen Jakob Bassevis war nur ein winziges Körnchen in dem Meer riesiger Anforderungen, denen man genügen mußte, um wenigstens einigen, deren Schuld vor ihrem freiwilligen Weggang ins Ausland nicht eindeutig bewiesen war, durch einen regulären Verkauf ihrer Güter helfen zu können. Jakob Bassevi war viel zu klug, um sich mit den Angelegenheiten der Besiegten zu belasten. Nur so konnte er sich emporschwingen, nur so gelang es ihm, mit Albrecht Waldstein, den Liechtensteins und anderen ein Konsortium zum Ankauf und Verkauf der konfiszierten Güter, Herrschaften, Schlösser, Höfe, Marktgemeinden und Dörfer zu bilden.

Nun aber hatte er sein Selbstbewußtsein verloren. In seinen Adern floß das ehrgeizige Blut der Bat-Schebas, die einst in Saloniki mitregiert hatten. Er war aus Italien in das blühende Prag Rudolfs II. gekommen; Prag war im damaligen Europa keineswegs die größte Stadt, aber zweifellos in der Kulturwelt die weitaus berühmteste gewesen. Hier erwarb er — der ehemalige Talmudstudent, der sich jetzt intensiv dem Geschäft widmete — bald ein ansehnliches Vermögen. Mit fünfundzwanzig Jahren galt er in der Judenstadt als äußerst erfolgreicher Kaufmann. Damals begann er auch Adeligen Kredite zu gewähren. Er wagte weit mehr als jener, den er sich eigentlich zum Vorbild erwählt hatte: sein Vorgänger und später auch Konkurrent, der Finanzmann Mordechaj Maisl. Maisl war aber ein Geschäftsmann von altem Schlag, während Jakob Bassevi der neuen, wagemutigen Generation angehörte.

Für Maisl war der um mehr als dreißig Jahre jüngere Jakob Bassevi anfangs nur einer von vielen, die ihn beneideten und versuchten, ebenso erfolgreich zu sein wie er. Maisl handelte nicht mit Waren. Er war ein geborener Finanzmann mit einem feinen Gefühl für die Proportionalität der Dinge, scharfsinniger Einschätzung der Gewinnmöglichkeiten und der Gabe, Natur und Charakter seiner Verhandlungspartner richtig zu beurteilen. Auch Maisl riskierte manchmal viel, aber nur, wenn er damit helfen konnte, wenn sein Risiko dazu beitragen konnte, die Gemeinde zu bereichern. So sprach man von ihm in der Judenstadt, und er freute sich über diesen guten Leumund. So charakterisierte ihn nach seinem Tod auch Geronim Eberle, in späteren Jahren Vorsitzender der Prager Jüdischen Gemeinde und Bassevis Schwiegervater.

Jakob Bassevi freute gerade jenes Risiko, das er bei gewagten Transaktionen auf sich nahm. Es entflammte in ihm die Spielerleidenschaft. Schon die Geschäfte, die er in seiner Jugend betrieben hatte, waren riskant gewesen: Er kaufte die gesamte Ernte, während das Getreide noch auf den Feldern stand, er verkaufte teuer eine billig erworbene Partie Rindsleder, die aus einer von Rinderpest betroffenen Gegend stammte... Stets erregte ihn dabei etwas derart, daß sein Blut in Wallung geriet. Genauso handelte er auch später, als er große Darlehen gewährte. Selbstverständlich kalkulierte er in den Zinsfuß die Unsicherheit ein, desgleichen die hohe Besteuerung und die Tatsache, daß es weit weniger Geld gab, als die Kreditsuchenden brauchten. Die Zinsen umfaßten auch einen Betrag zur Deckung der Gefahr, die Jakob Bassevi durch die Intrigen der Konkurrenten vor den Toren der Judenstadt drohte; diese betrieben nun ebenfalls Geldverleih gegen Zinsen, obwohl es ihnen von der Kirche untersagt war.

Hatte Mordechaj Maisl je das Privileg eines Hofjuden erstrebt? Jakob Bassevi hörte im Geiste ständig die Frage seines klugen Schwiegervaters Geronim Eberle, als wollte ihn dieser unablässig an den längst verschiedenen, aber im Gedenken der Zeitgenossen lebendig gebliebenen Bürgermeister der Judenstadt und Finanzmann erinnern...

Auf dem jüdischen Friedhof, nicht weit von Maisls Grab, stand schon seit dreißig Jahren der schlichte Grabstein von Bassevis erster Ehefrau, Kandel. Sie hatte gemeinsam mit ihm die Jahre der Jugend, des Aufstieges und des wachsenden Reichtums erlebt.

Drei Jahre schon erregte das Grabmal seiner zweiten Gattin, Hendla, Aufmerksamkeit wegen seines ungewöhnlichen Prunks. Hendla hatte mit Jakob Bassevi den Aufstieg zum Gipfel erlebt. Nach dem Tode Mordechaj Maisls war er, Jakob Bassevi, der reichste Bürger der

Prager Judenstadt gewesen. Er hatte um die Hand der Tochter des neuen Gemeindevorstehers anhalten können — und sie bekommen. Im Jahre 1616 war er selbst Oberhaupt der Judenstadt geworden. Hendla hatte die Erhebung Jakob Bassevis in den Freiherrnstand mit dem Adelsprädikat von Treuenberg erlebt, dann aber auch seinen Fall, seine Verurteilung wegen Untreue und Machinationen, die sich Jakob Bassevi von Treuenberg angeblich hatte zuschulden kommen lassen.

An dem Schuldspruch blieb jedoch kein einziger Satz unwidersprochen: Jakob Bassevi legte Berufung ein und ließ jede der ihm angelasteten Machinationen von den besten Juristen Wiens und Prags analysieren. Er konnte allerdings nicht offen eingestehen, in wessen Interesse er eigentlich gehandelt hatte — und um mehr ging es im Grunde nicht, das Gericht konnte ihm keine Unehrlichkeit nachweisen. Durch ein Geständnis hätte er sich mit seinem Beschützer verfeindet, dem einzigen, der ihm vielleicht für den Rest seiner Tage Unterschlupf gewähren würde. Als sein Beschützer Albrecht von Waldstein, der Herzog von Friedland, aus dem kaiserlichen Dienst ausschied, war auch Bassevis Schicksal besiegelt: Sein Vermögen wurde konfisziert, er selbst ins Gefängnis geworfen und dort vierzig Wochen festgehalten. Den Herzog von Friedland, Herr auf Schloß Jitschin und Erbauer des prunkvollen Palastes unterhalb der Prager Burg, würde der Kaiser in dem langwierigen Krieg zwischen Katholiken und Protestanten bestimmt wieder brauchen, und dann würde sich auch Bassevis Lage bessern. Der noch junge Heerführer Waldstein hatte es nach Niederwerfung des Aufstandes verstanden, kühn wie kaum ein zweiter Güter aller Art im Wert von vielen Millionen zu erwerben. Von allen, die sich zu dem erwähnten Konsortium zusammengeschlossen hatten, zog Albrecht Waldstein aus dessen Transaktionen den größten Nutzen: Im Lauf einiger weniger Jahre erwarb er Liegenschaften im Nennwert von mehr als zwei Millionen Gulden, wobei man bedenken muß, daß die Konfiskate um ein Fünftel, höchstens ein Viertel des wahren Wertes verkauft wurden.

Aber nicht nur Albrecht von Waldstein, sondern ohne Unterschied alle, die im Namen des Kaisers konfiszierte Liegenschaften aufkauften, waren habgierig, erstrebten Vorteile für sich und wollten möglichst billig in den Besitz solcher Güter gelangen. Wer anderer hätte ihnen dabei besser helfen können als er, Jakob Bassevi, der über flüssiges Kapital verfügte? Das Schmachvolle und Schändliche dieser Transaktionen allerdings blieb ausschließlich an ihm haften, die Herren dagegen behielten unangetastet ihre riesigen Besitztümer, denn der Kaiser wagte nicht, Waldstein oder den Liechtensteins etwas wegzunehmen. Wieder einmal zeigte sich die Richtigkeit des Wortes, daß in den Maschen des Gesetzes nur die kleinen Fische hängen bleiben. Ein solcher war er, der erst kürzlich in den Freiherrnstand erhobene Jude Jakob Bassevi von Treuenberg. Ihm machte man den Prozeß. Er wurde verurteilt, und sein Vermögen wurde beschlagnahmt. Er legte Berufung ein, und das Appellationsgericht mußte erkennen, daß Bassevis Verschulden weit geringer war, als das Gericht in erster Instanz angenommen hatte; seine Handlungsweise war zwar nicht frei von Unregelmäßigkeiten gewesen, diese rechtfertigten aber keineswegs die über ihn verhängte harte Strafe. Die anderen Herren des Konsortiums mußte das Gericht nicht verurteilen — sie waren gar nicht angeklagt worden, weder Albrecht von Waldstein noch die Liechtensteiner oder andere. Was half es schon, daß er, Jakob Bassevi, genau wußte, wie es im Konsortium wirklich zugegangen war, wenn ihm sogar die Berufungsinstanz einen Teil der Schuld zuschrieb und er für neun Monate ins Gefängnis mußte.

In den vierzig furchtbaren Wochen der Kerkerhaft war Jakob Bassevi viel durch den Kopf gegangen, darunter auch etliches aus der Vergangenheit. Ja, furchtbar war die Gefängnishaft, denn sie beraubte ihn der Handlungsfähigkeit und machte es ihm unmöglich, Gedanken, Einfälle und Pläne, derer sein Kopf mehr als voll war, in die Tat umzusetzen. Nichts, gar nichts, konnte und durfte er von seiner Zelle aus in Gang oder gar zur Vollendung bringen. Sie gab lediglich durch eine kleine Luke in der Gefängnismauer den Blick auf ein Stück Himmel frei, verlassen konnte man sie nur durch die schwere, eisenbeschlagene Tür, vor der ein Bewaffneter Wache hielt. Als Adeliger durfte sich Jakob Bassevi selbst verköstigen, das war die einzige Vergünstigung, die ihm der Freiherrnstand gewährte. Allerdings behandelten ihn die Wachen mit einer gewissen Distanz, man konnte sogar sagen mit einem gewissen Respekt, wovon die gewöhnlichen Insassen des Gefängnisses nur träumen konnten.

Die Haft war auch deshalb schrecklich, weil ihn in der Unmenge Zeit, die er zum Nachdenken hatte, Gewissensbisse plagten. Er machte sich Vorwürfe, weil er damals jenes nicht getan hatte, weil er es in dieser oder jener Angelegenheit so weit hatte kommen lassen, weil er in einem Fall zuviel riskiert und in einem anderen nicht auf die warnende Stimme der Vernunft gehört hatte...

Ein Hasardeur. Jawohl, er war ein Hasardeur, er riskierte zuviel, weit mehr als nur den Verlust seines Vermögens. In seiner Kerkerzelle mußte er sich eingestehen, daß er vor allem seine Ehre aufs Spiel gesetzt hatte. Die Ehre des ersten Juden in diesem Lande, den der Herrscher zum Dank für seine in Zeiten höchster finanzieller Nöte geleisteten Dienste in den Adelsstand erhoben hatte. Gerade seine Ehre als Nachkomme des Saloniker Geschlechtes der Bat-Schebas hatte es ihm verwehrt, den Weg zu gehen, den manche andere vor ihm gegangen waren: Sich von der Last zu befreien, die es bedeutete, zwar dem vom Ewigen auserwählten Volke anzugehören, aber von der nächsten Umgebung verdammt, gehaßt, verfolgt und in schlimmen Zeiten von Ort zu Ort gejagt, wenn nicht gleich erschlagen zu werden.

War nicht schon zu Zeiten Rudolfs II. der Apostat Philip Lang, der kaiserliche Kanzler, ein Musterbeispiel dafür gewesen, wozu ein kluger Kopf imstande ist, wenn er den Vorzug genießt, der privilegierten, vom Zeichen des Kreuzes beherrschten Gesellschaftsschicht anzugehören?

Doch er blieb allen Verlockungen zum Trotz dem Gotte treu, an den er glaubte; er verließ die Gemeinschaft des angestammten Volkes nicht.

War aber alles das, was sein Leben bisher ausgefüllt hatte, auch eine Ehre für dieses Volk? So fragte er sich in selbstquälerischer Grübelei während der langen Stunden völliger Einsamkeit im Gefängnis — ohne Kinder, die sich wenigstens von Zeit zu Zeit nach seinem Los erkundigt hätten, ohne seine Frau, die gerade in dem Augenblick, als sich die schwärzesten Wolken über ihm zusammenballten, für immer von ihm gegangen war. Das Gedenken an sie hält das prächtige Grabmal aufrecht, das wohl jenem gleichkommt, welches man dem ehrwürdigen Greis Jehuda Löw ben Bezalel errichtete, der wiederholt mittelbar und unmittelbar ins Leben Jakob Bassevis eingegriffen hatte. Dieser große Gelehrte war vor mehr als zwanzig Jahren gestorben, und nun begannen sich Sagen und Legenden um ihn zu ranken. An Jehuda Löw, den großen Maharal mi-Prag, wie man ihn draußen in der Welt allgemein nannte, mußte er im Gefängnis sehr oft denken: an seine warnenden Worte, denen er damals, als sie ausgesprochen wurden, keinen Glauben geschenkt hatte.

Jakob Bassevi von Treuenberg wußte jetzt genau — etwa so, wie ein Mensch sich an seinem Lebensabend oft Eigenschaften eingesteht, die er zeitlebens gegenüber sich selbst abgestritten hatte —, daß er umfangreiche Kredit- und Zinstransaktionen niemals so durchgeführt hatte, wie dies sein Vorgänger, Vorbild und Konkurrent, der Finanzmann Mordechaj Maisl, getan hatte, für seine Zeit in noch größerem Maße, aber in einer weniger riskanten Weise. Jakob Bassevi war kein Finanzmann, der mit Geld kaltblütig umging wie mit einer seinem Herzen fremden Sache; er gierte seit seiner Jugend nach Geld, mit jeder Faser seines Körpers und jedem Tropfen seines Blutes! Geld bedeutete ihm alles. Geld war für ihn mehr als seine erste Frau Kandel, mehr als seine teure Hendla. Er war ständig auf der Jagd nach Geld, ohne Geld konnte er sich sein Leben nicht vorstellen. Seine Gedanken befaßten sich immerfort damit, was er unternehmen könnte, um sein Vermögen zu vergrößern. Aber selbst das genügte ihm nicht. Er mußte es ständig vor Augen haben: In den Kästen voller Goldmünzen zu wühlen, die Kolonnen seiner Guthaben und Schuldforderungen sowie die Zinserträge, die im Laufe des Jahres eingehen sollten, zusammenzurechnen — dies bereitete ihm das größte Vergnügen. Die Vorstellung von Geld hielt ihn wie in einer Zange fest und ließ ihn nicht los, der Anblick der Goldtaler durchdrang sein Bewußtsein wie ein berauschendes Getränk, durchfloß glutheiß seine Adern. Seine Macht lag im Gelde, so wie die Macht von Grafen und Kreishauptleuten auf einer guten Organisation und Verwaltung der Kreise beruhte und die Stärke der Heerführer auf einem gewaltigen Arsenal von Waffen und gut ausgebildeten Regimentern. Sein Reichtum hatte ihm Anerkennung und Macht gebracht, aber keine wahre Hochachtung, wie sie Mordechaj Maisl bezeigt worden war. Wie Maisl wurde auch er, fünfzehn Jahre nach dessen Tod, Vorsitzender der Prager Gemeinde. Hatte er es jedoch verstanden, für seine Glaubensgenossen nur einen Bruchteil von dem zu tun, was Mordechaj Maisl voll Opferbereitschaft für sie getan hatte?

Maisl spendete immer wieder und in einem Maße, als würde sein Vermögen dadurch nicht verringert, sondern im Gegenteil vergrößert. Dergestalt segnete der Ewige seine Wohltaten und belohnte ihn dafür, während ich ständig um mein Vermögen gezittert habe, voller Angst, mein Geschäftskapital könnte sich verringern, ich könnte morgen um einen Groschen ärmer sein oder, besser gesagt, ich würde morgen nicht um mindestens zehn, zwanzig Taler reicher sein. Maisls Geschenke für die Judenstadt waren wirklich großzügig. Jeder in der Judenstadt weiß, was alles von ihm stammt, angefangen vom rituellen Tauchbad bis zur Pflasterung der Straßen, von seiner Synagoge bis zum prachtvollen Bau des Rathauses... Dazu Lösegeld für jüdische Gefangene, Unterstützung für die Armen... Und was noch alles...

Rabbi Jehuda Löw stand hinter sämtlichen guten Taten Maisls, der sich zu ihnen entweder auf sein Ersuchen oder zumindest auf seinen Rat entschloß, manchmal auf seine bloße Anregung und gelegentlich sogar auf sein Geheiß. Ein seltsamer Gelehrter und Berater!

Sicher ist jedoch, daß Maisl das Wohltun im Blute lag, während man mir nachsagte, ich sei ein Geizkragen und Egoist, der nur an sich selbst und nicht an seine Mitmenschen denkt, der um sein Geld zittert und alles dafür tut, daß sein Mammon ja nicht weniger wird. Aber Maisl ist in verhältnismäßig ruhigen Zeiten aufgewachsen und hat seine Geschäfte in einer Zeit getätigt, in der keinerlei Wirren das Land beunruhigten und er ganz sicher mit der Rückzahlung seiner Darlehen sowie mit einer risikolosen Abwicklung seiner Geschäfte rechnen konnte. Ich dagegen habe in einer unruhigen Zeit gelebt, und als ich schließlich über hinreichende Mittel für großangelegte Geschäfte verfügte, brach eine Krise voll solcher Gefahren herein, daß ich mein Vermögen beim besten Willen nicht durch Schenkungen verringern konnte.

»Ich komme zu Euch, Reb Jakob, mit einem großen Gedanken.« Diese Worte Jehuda Löws hatte Jakob Bassevi in den vierzig Wochen seiner ärgsten Schande und tiefsten Erniedrigung, während seiner Kerkerhaft, immer und immer wieder gehört. »Wir haben an der hohen Talmudschule mehrere arme Jungen; wenn sie Unterstützung zum weiteren Studium des Talmuds bekämen, könnten einige von ihnen dank ihrer Begabung zu Zierden der jüdischen Gelehrtheit werden. Ihr solltet, Reb Jakob, eine Stiftung zur Unterstützung armer Talmudstudenten errichten!« So hatte Jehuda Löw ben Bezalel damals gesprochen, dieser kluge Greis mit dem durchdringenden Blick unter den dichten Augenbrauen, mit der hochgewölbten Stirn unter dem seidigen grauen Haar und den festen Lippen, die ein mächtiger, bis zur Brust reichender Bart umrahmte. Nie wird dieses Bild aus Bassevis Erinnerung verschwinden.

Dies war in der Zeit des Bruderzwistes im Hause Habsburg, als Erzherzog Matthias seinen Bruder Rudolf II. bedrängte, zu seinen Gunsten auf den Thron zu verzichten oder ihm wenigstens einen Teil der kaiserlichen Macht abzutreten. Rudolf II. schuldete damals Jakob Bassevi eine beträchtliche Summe: Er hatte in Italien mit großem finanziellem Aufwand Renaissancegemälde und -statuen kaufen lassen, und der kaiserliche Hof verfügte nicht über genügend Geld, um die laufenden Zinsen zu begleichen, geschweige denn Darlehen zurückzuzahlen. Wie hätte Jakob Bassevi damals einige hundert, möglicherweise sogar tausend Gulden für eine Stiftung erübrigen sollen, die ihm in den Augen der Bedürftigen der Judenstadt kaum soviel Ruhm eingetragen hätte, wie Mordechaj Maisl die Errichtung des rituellen Tauchbades, das von jeder Frau benützt wurde? Er hatte seinerzeit Jehuda Löw erklärt, daß er im Moment das Geld nicht flüssigmachen könne, und hatte sich darauf hinausgeredet, daß er später vielleicht eine solche Stiftung erwägen wolle.

»Mordechaj Maisl diente mit seinem Geld, Reb Jakob, Euch dient das Geld. Darin besteht der Hauptunterschied zwischen Euch und ihm. Ihr seid ein Mensch mit hartem Herzen, wie es in den Quellen heißt. Man sagt von Euch, daß Ihr wie ein Hasardeur riskiert, aber Eure Kühnheit wird einmal Euren Fall nach sich ziehen, Reb Jakob! *Mene Tekel!* Ihr werdet Euch meiner Worte erinnern!«

So sprach er und ging. Rabbi Löw wandte sich nie mehr mit einem Vorschlag an mich. Aber habe ich mich später je an Löws Vorschlag erinnert?

Zwei Jahrzehnte lang stieg mein Stern so hoch wie noch von niemandem in der Judenstadt. Mein Reichtum verschaffte mir immer mehr Ansehen, aber gewiß nicht die Wertschätzung oder gar die Liebe der Judenstadt, obzwar ich die Tochter des Gemeindevorstehers Eberle geheiratet hatte und später auch Bürgermeister wurde, also die höchste Würde errang, welche die Judenstadt zu vergeben hat.

Nicht geringer war das Ansehen, das ich in den Adelskreisen genoß.

»Ihr seid ein gewiefter Finanzmann, Bassevi!« sagte einmal der Kanzler Rudolfs II., Philip Lang, zu mir.

»Könntet Ihr nicht die Eintreibung der Landessteuern übernehmen?« forderte mich Ferdinands oberster Kämmerer auf, als die kaiserliche Kasse nach dem Aufstand der protestantischen Herren leer war und das Land sich in einer katastrophalen Lage befand.

»Hättet Ihr nicht Lust, Euch an einem Konsortium zu beteiligen, das die konfiszierten Güter zu Geld machen soll?« fragte mich der oberste Schiedsrichter in Sachen der böhmischen Konfiskate, Fürst von Liechtenstein.

»Sie sind unter einem glücklichen Stern geboren, Herr von Treuenberg«, meinte mit einem freundlichen Händedruck der junge Albrecht von Waldstein, der schon damals wegen der raschen Gründlichkeit, mit der er seine protestantische Vergangenheit zu verleugnen verstand, und auch wegen seines Mutes und seiner Tüchtigkeit als Feldherr weithin bekannt war.

Jehuda Löw ben Bezalel hatte dennoch recht: »Eure Kühnheit wird einmal Euren Fall nach sich ziehen, Reb Jakob! Mene Tekel! Ihr werdet Euch meiner Worte erinnern!«

Waren die letzten sechs Jahre nicht ein unaufhörlicher Kampf um die Aufhebung des drückenden Urteils, ein unermüdliches Buhlen um die Gunst einflußreicher Persönlichkeiten, die Möglichkeiten hatten — meist mittels Bestechung des einen oder anderen —, beim Appellationsgericht etwas zu erreichen? Fürst Liechtenstein und Albrecht von Waldstein setzten sich für mich ein. Aber gehörten nicht gerade sie als Angeklagte vor das Tribunal statt unter die Fürsprecher?

Wäre Mordechaj Maisl mein Zeitgenosse gewesen, hätte er wohl genauso reagiert wie ich, wenn man ihm wegen seines Reichtums den gleichen Vorschlag gemacht hätte wie mir? Diese Frage war Jakob Bassevi in den letzten Monaten immer wieder in den Sinn gekommen. Sein Gehirn, in dem jetzt häufig ein bisher nicht existierendes Blinklicht aufflammte, eine Art kritische Beleuchtung der eigenen Taten, vielleicht das, was der Talmud als Gewissen bezeichnet, gab ihm jedesmal ein Nein zur Antwort. Maisl hatte sich bei seinen Finanzoperationen bestimmt nie den Rat des klugen Rabbi Löw geholt. Löw hatte kaum etwas anderes tun können, als ihm Empfehlungen für die Verwendung der Gewinne zu wohltätigen Zwecken zu geben. Mordechaj Maisl hätte nie so gehandelt wie er, Jakob Bassevi; vielleicht hätte er die Teilnahme an dem Konsortium nicht abgelehnt, denn vor einem Risiko, wie es Finanzgeschäfte stets mit sich bringen, schreckte er nicht zurück. Doch er hätte sich den Ansinnen widersetzt, mit seinem Namen die Habgier der hohen Herren zu decken, in deren Interesse die Transaktionen durchgeführt wurden. »Herr von Treuenberg«, hatte der Vorsitzende des Appellationsgerichtshofes zu ihm gesagt, »wir sitzen nicht über Eure Gewinne zu Gericht, aber wir beanstanden — und das mit Recht — Eure Praktiken.«

Hohe Herren lernen sehr schnell, wie man immer noch schneller reich wird. Mein Fehler war, daß ich ihnen dabei half und ihnen Rückendeckung gab. Nicht einmal das Appellationsgericht sprach mich von jeder Schuld frei, auch wenn es viele Punkte in der Urteilsbegründung des Erstinstanzgerichts als unrichtig korrigierte…

Die Gebeine Jehuda Löws modern schon über zwanzig Jahre in der Friedhofserde. Würde aber der große Gaon heute leben, käme er mir in diesen Augenblicken meiner tiefsten Erniedrigung bestimmt entgegen. Gerade weil ich jetzt so verzweifelt bin, würde er mir seine hilfreiche Hand bieten und mich in die Gemeinschaft der Glaubensgenossen zurückführen. An seine Stelle trat aber niemand, der genauso handeln würde. Wohin soll ich bloß nach meiner Entlassung aus dem Gefängnis gehen?

So hatte der Verurteilte in den letzten Wochen seiner Kerkerhaft oft gegrübelt. In die Judenstadt Prags konnte er nicht zurück. Er war einst an ihrer Spitze gestanden und zu reich gewesen, um jetzt verarmt, in Schimpf und Schande zurückzukehren. Er mußte zu jenen gehen, mit denen er durch seine Taten verknüpft war, nicht zu jenen, von denen er einst ausgegangen war. Die Brücke, auf der er den Strom der Erniedrigung hätte überqueren können, war abgebrochen; es gab keine Hand, die ihn einfühlsam dorthin geführt hätte, wo er mit seinen sechsundsechzig Jahren als einfacher Mensch, ohne Ruhm und ohne große Mittel, von neuem beginnen konnte, er, der Nachkomme des frommen Saloniker Geschlechtes der Bat-Scheba und einstige junge Student der hohen Talmudschule.

Er durfte dem Herzog von Friedland, Albrecht von Waldstein, einen Brief nach Jitschin schreiben. Darin bat er um die Erlaubnis, sich bei ihm niederzulassen, mit seinen bescheidenen Kräften bei der Verwaltung der herzoglichen Angelegenheiten helfen und seinen Lebensabend im Schatten dieses ausgezeichneten Feldherrn und hochberühmten Edelmannes verbringen zu dürfen, dessen Huld er sich mit seinem Schreiben ergebens empfahl.

So weit war es mit ihm gekommen, so tief war er gesunken, daß er jene, zu denen er erhöht worden war, um Schutz bitten mußte — er, Freiherr von Treuenberg, jetzt ein aus dem Gefängnis entlassener sechsundsechzigjähriger greiser Sträfling...

Er hätte sich, wäre Morenu ha-Raw — unser großer Lehrer — noch am Leben gewesen, ehrfurchtsvoll über die Hände des weisen Jehuda Löw ben Bezalel geneigt. Was hätte er darum gegeben, mit einer Umarmung von Jehuda Löw willkommen geheißen zu werden, jenem Mann, der noch nach so vielen Jahren das Interesse von Menschen erweckte, die lediglich von ihm gehört hatten! Würde Jehuda Löw ihn jetzt empfangen und die krummwinkligen Gäßchen der Judenstadt hinuntergeleitet haben, er hätte Löws Knie umfaßt und mit Tränen in den Augen den Staub auf seinen Schuhen geküßt. Aber der weise Greis war schon längst tot, und vor Jakob Bassevi lag eine unsichere Zukunft.

Wie war er in Wahrheit gewesen, dieser Mann, dem einst der Neid von Schwächeren die Oberrabbinerwürde vorenthalten wollte und der wegen seines Lebenswerkes unvergessen bleiben würde? Von letzterem war Jakob Bassevi überzeugt. Und der gleichen Meinung waren auch sein Schwiegervater Geronim Eberle sowie alle jene gewesen, die je von ihm gesprochen hatten, sei es noch im Kreis der jungen Talmudstudenten oder später im Ältestenrat, als Jakob Bassevi an der Spitze der Prager Judengemeinde gestanden hatte.

In der Judengemeinde wirkten damals an den hervorragendsten Synagogen vortreffliche Rabbiner, so Isaak ben Juda an der Altneuschul, Mordechaj ben Schlomo an der Hochsynagoge, der gelehrte Mosche ben Jefta an der Pinkasschul, Efraim ben Ruben als Studienleiter der Klaus und Beno ben Avrum an der Maislschul. Außerdem war da noch der Rabbiner von Bassevis Privatsynagoge, Reb Jona ben David, der weitaus strengste Kritiker von Jehuda Löws Schaffen und

Wirken. Die Ansichten über Löw gingen häufig auseinander, die Bewertungen waren unterschiedlich, die Stellungnahme oft davon abhängig, wer wessen Schüler gewesen und wer von wem beeinflußt worden war. Der vor zwei Jahrzehnten verstorbene und bereits von Legenden umwobene Greis hatte auch Widersacher gehabt. Tatsache war, daß er, obwohl er die Rechte und Pflichten des Oberrabbiners ausübte, niemals in diese Funktion berufen worden war. Immer wieder hatten sich Menschen gefunden, die in Löws großem Ansehen oder seinem immensen Wissen eine Gefahr für durchschnittliche Rabbiner erblickten. Sie stimmten deshalb bei der Oberrabbinerwahl nicht für ihn, sondern lieber für den Krakauer Rabbiner Isak ben Abraham Chajjut, den Stiefbruder von Rabbi Löws erster Frau Perla.

Jehuda Löw ben Bezalel war damals aus Protest als Oberrabbiner Polens nach Posen gegangen, um den Prager Juden zu zeigen, wie man ihn dort ehrte und schätzte. Einige Jahre später kehrte er nach Prag zurück. Sein Opponent Isak Chajjut wurde, als sich zeigte, daß er mit Jehuda Löw an Weisheit und Gelehrtheit nicht wetteifern konnte, in die Gemeinde Proßnitz berufen.

Isak Chajjuts Schüler Jona ben David erhob die meisten Einwände gegen Rabbi Löws Lehrmeinung. Einwände? Vielleicht eher die Forderung nach einer präziseren Unterscheidung zwischen dem Neuen und Eigenständigen in Löws Arbeiten und den Ansichten, die er von anderen jüdischen Gelehrten übernommen hatte, deren Schriften nicht allgemein zugänglich, aber Jona ben David bekannt waren.

Die damalige Zeit zwang jeden, sich Bildung anzueignen. Auch Jakob Bassevi erwarb rasch Kenntnisse über das, was die Welt hinter den Toren der Judenstadt bewegte und beherrschte, um nicht als rückständig zu gelten. Zum Italienischen und Judendeutsch erlernte er noch das höfische Hochdeutsch sowie Spanisch, das ihm wegen seiner spaniolischen Vorfahren nahestand. Andere Adelige glänzten mit langen Zitaten aus der lateinischen Schule, sprachen über Astronomie und erörterten den Einfluß der Sterne auf Menschengeschicke, sie erzählten von ihren Reisen in ferne Länder oder verfaßten sogar Reiseschilderungen, griffen zur Laute und komponierten Lieder. Dies alles war Jakob Bassevi fremd; auch Hendla hatte dies, getreu den Grundsätzen einer Gemeindevorsteherstochter, bis zu ihrem Tode abgelehnt. Wäre es aber einem belesenen und in den Quellen der jüdi-

schen Glaubenslehren bewanderten Mann wie Jehuda Löw ben Bezalel überhaupt möglich gewesen, sich nicht mit der allgemeinen Sehnsucht nach Bildung und Wissen auseinanderzusetzen? Sind auf seinem Grabstein nicht die Titel seiner fünfzehn gelehrten Werke angeführt?

»Jehuda Löw war ein Mystiker…«

»Keineswegs, er war ein jüdischer Philosoph, Reb Isaak ben David!«

»Und seine Vorliebe für die Kabbala, Reb Efraim ben Ruben?«

Nicht selten dauerte ein solcher Meinungsaustausch den ganzen
Abend, das Gespräch kehrte oft von neuem zu bisher unbeantworte-
ten Fragen zurück, und deren Verständnis wurde vertieft durch das
Wiederaufgreifen und Zuendedenken alter Gedankengänge. Das Bild
Jehuda Löws ben Bezalel konnte dadurch nur gewinnen, weil die Ansichten sich klärten, die Geister sich schieden und so die wirkliche
Persönlichkeit des Maharal mi-Prag viele Jahre, nachdem man seine
sterbliche Hülle zur ewigen Ruhe gebettet hatte, deutlichste Transpa-
renz erlangte.

»Vielleicht ist in seinem Schaffen alles vereint, Reb Jona ben David;
allerdings ist es nicht leicht, eine genaue Grenzlinie zwischen den einzelnen Komponenten zu ziehen.«

»Seine Bewunderer haben ihn zu seinen Lebzeiten überschätzt, Reb
Mordechaj ben Schlome!«

»Und deshalb sollten wir ihn jetzt verdammen?«

»Er hat sich von der äußeren Bildung seiner Umwelt allzusehr beeinflussen lassen. Schon seine Kenntnis des Lateins! Hat man das je
gehört, ein Rabbi, der die Sprache der Römer lernt?«

»Das gab es schon während ihrer Herrschaft, Reb Jona. Und jetzt,
nach Jahrhunderten der Zerstreuung, kann es das wieder geben. Übrigens besteht kein diesbezügliches Verbot für einen Rabbi.«

»Er war ein treuer und rechtgläubiger Mann, der beste Zaddik, den
wir je hatten.«

»Und seine astronomischen Studien? Hört man nicht von allen Seiten, daß heutige Astronomen nicht glauben, was die fünf Bücher Mosis über die Erschaffung der Erde und der Sterne berichten? Was
denn, wenn sie auch das angreifen, was das Gesetz über die Erschaffung der Bäume und Gewässer, der Tiere und Menschen aussagt?«

»Wird nie geschehen! Gerade darin liegt die Größe Jehuda Löws, Reb Beno ben Avrum. Laßt Euch nicht von den Gefühlen der Mißgunst beeinflussen, welche die Witwe Frume Maisl gegenüber Jehuda Löw hegte. Gerade dieser Umstand muß uns zu größter Behutsamkeit mahnen, was das Andenken des Toten anbelangt. War es nicht gerade Jehuda Löw — sein Andenken sei gesegnet —, der sich der von Unglauben erfüllten Kritik der fünf Bücher Mosis in Asarja Rossis Werk ›Das Auge der Welt‹ energisch entgegenstellte? Löw hat doch Rossis Ansichten auf schärfste verurteilt!«

»Aber, Reb Mosche ben Jefta, warum sollten wir Jehuda Löw mehr Originalität zuschreiben, als in seinen Werken tatsächlich war? Hat er nicht seine grundlegenden Gedanken von Maimonides und von anderen übernommen? Diese haben doch schon vor Löw die Lehre bestätigt, daß einzig und allein die Summe menschlichen Geistes den physischen Tod überdauert.«

»Wenn Ihr erlaubt, würde ich gerne etwas hinzufügen, Reb Mosche ben Jefta! Jehuda Löw hat mit seiner Auslegung, daß wir von der weltlichen Gelehrtheit der Umwelt alles übernehmen dürfen, was nicht im Widerspruch zu den Grundwahrheiten unseres Glaubens steht, sehr viel für uns getan. Damit hat er uns mit der Welt verbunden, die uns in der Zerstreuung umgibt und sie uns oft zur Hölle macht. Wenn wir aber von dieser Welt einmal mehr wissen, werden wir imstande sein, uns auch dieser Hölle zu wehren. Die Frage ist also: Ist unser Morenu ha-Raw in irgendeinem Punkt von der Lehre unserer Väter abgewichen? Ich sehe seine erstaunliche, wunderbare Größe darin, daß er es verstanden hat, alles Neue auf uns schon Bekanntes zurückzuführen, etwa so, wie aus den Zweigen eines Baumes stets neue Blätter sprießen, wobei sich aber die Substanz des Baumes nicht ändert. Für Jehuda Löw war die Thora stets eine Offenbarung, die uns die höchste Weisheit zuteil werden ließ, und Wunder betrachtete er als Ausdruck einer für uns nicht erkennbaren höheren Ordnung der Natur. Wo sollte es da eine irrige Meinung oder gar ein Abweichen von dem geben, womit und wodurch wir seit Jahrhunderten leben? Vielleicht hat Jehuda Löw hie und da einen lebensnäheren, lebendigeren Ausdruck für irgend etwas gebraucht, so daß ihn unsere Kinder besser verstehen können. Gerade darin liegt das Verdienst Jehuda Löws, was meint Ihr, Reb Jona?«

»Ich möchte seinem Andenken noch etwas hinzufügen, Reb Mosche ben Jefta: seine Weisheit als Lehrer. Sein Leben lang hat er nicht aufgehört, darauf hinzuweisen, daß wir die Jugend nur langsam und schrittweise gewinnen können, daß wir beim Unterrichten unserer Glaubenslehren vom Bekannten ausgehen und zum weniger Bekannten übergehen sollten. Daß es aber Schranken gibt, die wir nicht zu überschreiten vermögen: nämlich, daß unser Körper bloße Materie ist, das heißt, kein aktives Element, weshalb er bei der Entwicklung des Menschen zu höherer Weisheit ein Hindernis darstellt. Der Mensch, so lehrte Jehuda Löw — und ich stimme mit ihm vorbehaltlos überein —, kann sein mögliches, aber inaktives Verstehen nicht in eine Aktivität umwandeln wollen, die eine Veränderung mit sich bringt. Deshalb verbleiben wir im Zustand des Erkennens, in einem Zustand, der nie Vollkommenheit erreichen kann. Jawohl, Reb Mosche ben Jefta, der Mensch verharrt in einem gewissen Zustand der Läuterung; das ist das Ergebnis seines ständigen Ringens mit der Körperlichkeit, der unsere sämtlichen bösen Gedanken entspringen. Dem Menschen wird es nie gegeben sein, diese Körperlichkeit zu überwinden; nichtsdestoweniger muß er unaufhörlich darum kämpfen — daher rührt auch Löws Neigung zur Kabbala, die dieses Ringen für notwendig hält, falls die menschliche Seele zu höheren Gebilden der Schöpfung aufsteigen soll.«

»Aber wie steht es mit der Besserung der ganzen Welt?«

»Reb Jona ben David, wir sind zu schwach, um eine Wandlung zum Besseren herbeizuführen. Nicht einmal Jehuda Löw hielt die menschliche Gesellschaft für vollkommen oder auch nur für natürlich, genauso wenig wie der große Denker Jehuda ha-Levi. Unser Morenu ha-Raw Jehuda Löw war der Meinung, die menschliche Gesellschaft dieser Welt sei höchst unzulänglich geordnet, und gerade deshalb sei die Stellung der Diaspora-Menschen in dieser Ordnung um so schlechter und unnatürlicher. Er betrachtete sogar die Hölle der in der Vertreibung lebenden Menschen als ebenso Ursache wie Folge des unnatürlichen, fehlerhaften Aufbaus der gesamten menschlichen Gesellschaft. Wenn der Messias kommt, wird er die ganze Welt erlösen!«

Damals, während der stundenlangen Gespräche, in denen die hervorragenden Rabbiner der Prager Kehilla durch ihr Verständnis und ihre Auslegung von Löws Vermächtnis ihre glänzende Bildung dokumentierten, wurde sich Jakob Bassevi noch nicht bewußt, daß er einen schicksalshaften Fehler begangen hatte, als er Löws Warnung in den Wind schlug, und daß er das Andenken an sein Leben ausgelöscht hatte, als er Löws Aufforderung nicht nachkam, eine Stiftung zur Unterstützung bedürftiger Talmudschüler zu errichten.

Er hätte erreichen können, daß man ihn genauso ehrte und schätzte, liebte und beweinte, wie sein Vorbild und seinen späteren Konkurrenten Mordechaj Maisl, der stets auf den weisen Rat Rabbi Jehuda Löws gehört und sich so ein bleibendes Andenken gesichert hatte.

Würde aber nun an ihn ein anderes Andenken bleiben als die Erinnerung, daß er als erster Jude Böhmens in den Adelsstand erhoben worden war, und das prunkvolle Grab auf dem jüdischen Friedhof, Hendlas letzte Ruhestätte?

Jakob Bassevi war jetzt ein armer Mann, den man soeben aus dem kaiserlichen Gefängnis entlassen hatte.

Das Mene Tekel Jehuda Löws hatte sich erfüllt. Die an Tollkühnheit grenzende Risikobereitschaft Bassevis hatte seinen Fall herbeigeführt. Und es gab keine Brücke, über die er zu seinen Glaubensgenossen hätte zurückkehren können, obgleich er dem angestammten Glauben seiner Vorfahren treu geblieben war.

Der schmächtige kleine Mann mit den lichtungewohnten Augen, der sich blinzelnd in dem sonnenüberfluteten Prager Burghof umschaute, bemerkte einen Mann in der Uniform der herzoglich-friedländischen Offiziere, welcher wartend in einem Winkel des Hofes stand. Bassevi ging auf ihn zu, und der Uniformierte kam ihm entgegen, so daß sie einander auf halbem Wege trafen.

»Herr Jakob Bassevi von Treuenberg?«

»Ja, mein Herr!«

»Seine Hoheit, der Herzog von Friedland, gab mir die Weisung, Euch abzuholen und auf sein Jitschiner Schloß zu bringen. Dort werdet Ihr, so lange Ihr es wünscht, unter seinem Schutze stehen, mein Herr!«

Jakob Bassevi traten Tränen in die Augen. Es war nicht richtig, vor diesem Boten Albrecht von Waldsteins Rührung zu zeigen. Aber er konnte nicht anders. Also doch, in Jitschin würde er seinen Lebensabend verbringen! Das war der Dank dafür, daß Jakob Bassevi im

Konsortium der Adelsherren die Schuld der übrigen Partner auf sich genommen hatte.

»Jisgadal vejiskadasch« — groß und großherzig ist der Herr der Welt — flüsterten die Lippen des alten Mannes.

Jakob Bassevi war sich nicht bewußt, daß er Dankesworte flüsterte, die am Anfang des Kadischgebetes stehen, mit dem man der Toten gedenkt. Es war das Kadischgebet für Jakob Bassevi, dessen sterbliche Hülle vier Jahre später auf dem Jüdischen Friedhof in Jungbunzlau zu Grabe getragen wurde.

Karge Sage vom Besuch des Hohen Rabbi Jehuda Löw ben Bezalel in der Altneuen Synagoge am achten Abend des Pessach-Feiertages 5746, d. i. 1986 der üblichen Zeitrechnung

Gleich am Anfang dieser kargen Sage muß betont werden, daß es außer einigen spärlichen Angaben, die eher andeuten als bezeugen, keinerlei sachliche Beweise dafür gibt, daß sie sich wirklich zutrug. Dennoch war dem so. Das Erlebnis dauerte eigentlich nur ein paar Augenblicke, vielleicht eine halbe Stunde, die Zeit wurde von niemandem gemessen. Es blieb nur die Gewißheit, die man nach einem völlig unerwarteten, aber ganz sicher wirklichen Erlebnis hat, das weder einen Ritzer im Gestein noch eine Kerbe im eichenen Türgetäfel hinterläßt, aber für lange Zeit, manchmal für immer, die Seele eines Menschen prägt. Eines Menschen, der völlig unvorbereitet war, dafür aber mit um so größerer Empfänglichkeit dem Zauber des Erlebnisses erlag, das er fast für ein Wunder hielt, obwohl es nur aus feinen Schwingungen bestand, die sein Inneres durchbebten, in sein Bewußtsein drangen und es mit der Gewißheit erfüllten, daß das, was ihm als Traum oder bloße Ahnung erschien, tatsächlich geschehen war. Und daß derjenige, dem die Gnade dieses Erlebnisses zuteil wurde, damit die Verpflichtung übernahm, hiervon Zeugnis abzulegen, sei es in Worten, bunten Linien oder einer Folge von Tönen.

Wie sollte da ein Dritter, der an die Wirklichkeit des noch nicht lange zurückliegenden Geschehnisses glaubt, sich nicht versucht fühlen, es wenigstens in dieser kargen Legende festzuhalten?

Es geschah am achten Abend des Pessach-Feiertages im Jahre 5746, also im Jahre 1986 der üblichen Zeitrechnung, und zwar in der Altneuen Synagoge in Prag. Diese wird jiddisch Altneuschul genannt und hebräisch al-tnaj, das heißt »unter der Bedingung«, weil sie aus den Steinen des vernichteten Tempels zu Jerusalem gebaut wurde, wohin sie dereinst, nach dem Erscheinen des Messias, wieder zurückkehren soll.

Am achten Abend des Pessach-Feiertages tun sich fromme Menschen zum vorletzten Gebet zusammen, um dann am nächsten Tag mit dem Nachmittagsgebet das Ende des großen Feiertages der Befreiung aus der Knechtschaft zu feiern. Dazwischen liegt noch der

Vormittagsgottesdienst mit dem »Maskir«, der Erinnerung an die Toten, bei welcher in dieser Synagoge mit dem Gebet El mole rachanim auch des legendären Rabbi Jehuda Löw gedacht wird.

An diesem achten Abend des Pessachs nun liest oder singt der mit dem Tallith angetane Kantor die Gebete. Nach ihrer Beendigung hebt er den Pokal, um dem Allerhöchsten die gebührende Ehre zu erweisen. In der Synagoge weilte vielleicht genau die Zahl der Anwesenden, die zum »Minjan« unbedingt nötig war.

Also war alles in Ordnung.

Den unauffällig gekleideten Besucher, der kurz vor Beginn des Gottesdienstes das Gotteshaus betrat, kannte hier niemand. Er war ein bartloser, glattrasierter, frisch wirkender Mann reifen Alters. Bei seinem Eintritt bedeckte er mit unauffälliger Gebärde sein graumeliertes Haar mit einem dunklen Seidenkäppchen.

Da man ihn für einen Fremdling hielt, führte ihn der *Schames* zu einem der vordersten Tempelplätze, um ihn gemäß dem Gebot der Gastfreundschaft zu ehren.

Wer war dieser unbekannte Besucher?

Es ist nötig, die Einbildungskraft des Lesers anzufachen und ihm die Sagen, die sich hier jahrhundertelang gehalten haben, ins Gedächtnis zu rufen.

Sicher ist Ihnen bekannt, daß fromme Juden beim Sederabend, zu Beginn des Pessachs, auf die Ankunft des Propheten Elias harren.

Und vielleicht wissen Sie auch, daß sich in der Tumba, dem sarkophagähnlichen, verzierten Grabdenkmal des berühmten Rabbi Jehuda Löw ben Bezalel auf dem Alten jüdischen Friedhof in Prag, ein Spalt befindet, in den Besucher ihre aufgeschriebenen Wünsche zu werfen pflegen, voll Hoffnung, daß sich der Maharal mi-Prag Jehuda Löw ben Bezalel für ihre Erfüllung verwendet. Der sagenumwobene Hohe Rabbi gilt als mächtiger Fürsprecher, der behilflich ist, die Wünsche der Bittsteller zu erfüllen.

Was nun, wenn jemand in den Spalt des Löwschen Grabdenkmals einen Zettel mit dem scheinbar unsinnigen Wunsch geworfen hat, wenigstens eine kurze Zeit in der Anwesenheit des berühmten Rabbis verbringen zu dürfen?

Abgesehen von dem sich auf die Transsubstantiation beziehenden Gedanken des uralten Indiens können wir die Möglichkeit nicht ganz von der Hand weisen, daß der Hohe Rabbi Löw mit stiller Zustimmung des Allerhöchsten beschloß, den Wunsch des Bittstellers zu erfüllen und in dessen Anwesenheit einige Augenblicke an der Stätte zu verbringen, wo er einstmals an den Hohen Feiertagen sein Amt auszuüben pflegte.

Rufen wir uns ins Gedächtnis, daß er in seinem Werk eine Brücke zu bauen verstand, welche jene Menschen beschritten, die während der schweren Not der damaligen Zeiten ihre Hoffnung in einem vertieften, dabei freudigeren Erleben des Glaubens suchten, wie es gerade bei den östlichen *Chassidim* der Fall ist. Rufen wir uns weiters ins Gedächtnis, daß sich in der Denkweise dieses Rabbis der Renaissancezeit die Grundelemente der uralten Kabbala zu einem Gedankenbau formten, in dem das Bemühen um die ständige Vervollkommnung des Menschen bis zum göttlichen Vorbild eine Einheit bildete mit dem Bestreben, sich zeitgemäß auf alles zu stützen, was unsere Sinne wahrnehmen und uns ununterbrochen zur Kenntnis bringen.

Aber im Laufe der Jahrhunderte bekam für viele Tiefgläubige die Gestalt des Jehuda Löw ben Bezalel etwas äußerst Geheimnisvolles, als hätte er sich allmählich in einen großen Zauberer verwandelt. Nur so konnte es geschehen, daß — lange nach seinen Lebzeiten — die Sage entstand, er habe den Golem geschaffen.

Dies alles mußte in Erinnerung gebracht werden. Gesagt sei noch, daß es in der ganzen Erzählung hier stets um ein Überdecken der Wirklichkeit durch die Gedanken über diese geht. Und so betrat nun Rabbi Löw lediglich als *Gedanke* in der Gestalt eines unbekannten, zeitgenössisch aussehenden Besuchers die Altneusynagoge, um dort zu beten und sich gleichzeitig in die Vergangenheit und die Gegenwart einzuleben. Weil die äußeren Züge, mit welchen die uralte Vorstellung seit jeher den großen Patriarchen verband, nicht vorhanden waren, schwand diesem schlichten Fremdling auch das Bewußtsein dessen, was er in der Vergangenheit wirklich gewesen war; es blieb nur der matte Abglanz irgendeiner Ahnung, daß er alles, was er in diesem Augenblick erlebte, genauso schon vor mehr als vierhundert Jahren erlebt hatte, eben hier, vielleicht in anderer körperlicher Gestalt, aber ganz sicher nicht nur als Teilnehmer, sondern als religiöser Führer.

Kurz gesagt, der große Greis der Renaissancezeit konnte nur mit einer Ahnung, aber nicht mit bewußter Kenntnis längst vergangener Geschicke und Erlebnisse eintreten.

Es war seltsam. Er stand nur etwa zwei, drei Schritte von der Stelle entfernt, an welcher er einst laut der Tradition seinen Platz hatte als religiöses Oberhaupt des jüdischen Prag, der »Mutter in Israel«, zu deren größerem Ruhm gerade er viel beitrug. Doch die Kenntnis dieses sonderbaren Doppelgängertums war ihm nicht gegeben — und darum war dieser Abend auch für ihn seltsam, denn die ganze Zeit über, da der Gesang und die Gebete des Kantors vor dem Thoraschrein den Raum erfüllten, versuchte dieser schlichte Fremdling Klarheit darüber zu erlangen, warum er an diesem Ort weilte und warum gerade heute. Ihm dämmerte eine ferne Erinnerung, doch er besaß nicht das geringste bestimmte Wissen über die Vergangenheit. Jehuda Löw ben Bezalel weilte in einer feinen Nebelwolke.

Aber für kurze Augenblicke rang er sich zur Klarheit durch. Und er durchdrang seherisch das Innere der an den Wänden der Altneusynagoge betenden Menschen, so daß ihm alles von ihnen bekannt war.

Auf der anderen Seite des Bethauses, hinter dem uralten Almenor mit seinem prachtvoll geschmiedeten Gitter, betete ein dunkel gekleideter, stattlicher, etwa fünfunddreißigjähriger Mann mit Vollbart und Pejes. Er war Doktor der Mathematik, Assistent an der Harvard-Universität und hatte vor kurzem, im Banne der uralten Tradition seiner frommen Väter und Vorväter, die schon seit einigen Generationen als Diamantenschleifer in den engen Gassen des jüdischen Viertels der Großstadt am Hudson lebten, plötzlich einen Entschluß gefaßt. Er ließ sich an der Universität für ein Jahr beurlauben, durchwanderte als Pilger das Heilige Land, versöhnte sich dort wieder mit Frau und Kind, die er einst in New York verlassen hatte, und wanderte dann durch die *Gehenna*, die »Hölle der Diaspora«, um in jene Stadt zu gelangen, in welcher er zehn Jahre zuvor vergeblich die Spuren der Tätigkeit des großen Rabbi Jehuda Löw ben Bezalel gesucht hatte, die Spuren des Golems.

Nahe bei der Bundeslade standen zwei eifrig betende Männer mit Vollbart, ohne Pejes; sie suchten in den Worten der Schrift Gewißheit und waren die Stützen der Zukunft dieser kleinen Glaubensgemeinde.

An anderer Stelle wiederum neigten sich alte Leute, die von Jugend an regelmäßig zu beten pflegten, tief über ihre Gebetbücher. Durch den Besuch der Synagoge als gültige Mitglieder des Minjan stärkten sie sich innerlich in dem Lebensalter, da die Körperkraft zu schwinden begann und auch ihre Sinne ermatteten. Auf diese Weise reiften sie dem Ende zu. Ohne die Teilnahme am Gottesdienst wären sie sich selbst nicht treu geblieben.

Jehuda Löws Interesse wurde besonders von einem Mann geweckt, der beim Beten in seinem seelischen Schmerz eingesponnen war, denn seine Frau schwankte zwischen Leben und Tod. Sie wußte noch nicht, welches Urteil der Arzt über sie fällen würde — ob die heftigen Schmerzen, die sie jetzt so oft überfielen, Symptome einer bösartigen Krankheit waren oder ob sie hoffen durfte, am Leben zu bleiben. Ihr Gatte hatte ihr vielleicht noch nie gesagt, wie sehr er sie liebte; er konnte es vielleicht nicht aussprechen, wie manche von uns aus Verschämtheit nicht fähig sind, ihre Liebe in Worte zu kleiden. Doch der Gedanke, er könnte sie verlieren, erschütterte ihn zutiefst. Jehuda Löw kannte die zukünftige Wahrheit: es bestand Hoffnung auf Genesung.

»Le chajim«, auf das Leben, ertönte die Stimme des Kantors... Und der niedergeschlagene Mann schien zu begreifen. Er hob den Kopf, und seine Augen dankten still für die Hoffnung auf Leben.

Unweit von ihm las mit vollem Bariton ein noch nicht alter, dennoch lebenskundiger Mann sein Gebet. Sein Gesicht strahlte vor Freude. Vor kurzem hatte ihn, wenn auch erst nach einer beschwerlichen, langen Reise und vielen Demütigungen, das Wiedersehn mit Kindern und Enkeln erfreut, und diese Freude, die ihn innerlich festigte, äußerte sich lautstark in den Worten seines Gebetes.

Und in einer seitlichen Ecke des Gebetshauses beugte sich ein anderer Glaubensgenosse über die Texte seines hebräischen Gebetbuches; er schien von der realen Welt gleichsam durch eine unsichtbare Wand getrennt, sein Gesicht verriet Niedergeschlagenheit, aber auch Hoffnung. Dieser Mann war schwerhörig. Er war von der Welt abgesondert und drang darum um so tiefer in sein eigenes Inneres ein. Er bedauerte es, nicht vernehmen zu können, wie die gesprochene Botschaft seiner Freunde lautete, kannte dafür aber die menschlichen Botschaften seines Innern und vermochte sie auszudrücken, nicht mit der gesprochenen Sprache, doch mit der Feder.

Der Mann hob das Gesicht von seinem Gebetbuch und sah sich um. Er hatte einen schweren Tag hinter sich. Heute morgen hatte er ein Etui mit teuren elektronischen, in den Ohren fast nicht bemerkbaren Hörgeräten verloren, welche die Geräusche dermaßen verstärkten, daß sie selbst für jene vernehmbar wurden, deren Gehör schon stark beeinträchtigt war. Er hatte es glücklicherweise wiederbekommen, dank der Aufmerksamkeit und Liebenswürdigkeit zweier Frauen, die bemerkt hatten, wie es ihm aus der Tasche fiel, und ihn auf den Verlust hinwiesen. Er wußte gar nicht, wie er ihnen danken sollte, denn er wäre kaum in der Lage gewesen, sich die Geräte neu zu beschaffen. Nur um seine Dankbarkeit auszudrücken, war er heute in die Synagoge gekommen. Er war nicht so religiös, daß er sie regelmäßig besuchte. Ihn trug manchmal eher eine geheimnisvolle Welle, die ihm erlaubte, mit stummer Gegenwart zu ersetzen, was andere mit Worten auszudrücken pflegten. Jehuda Löw ben Bezalel erfaßte den Zustand dieser Seele und identifizierte sich jäh mit ihm, wenn auch nur für die Dauer eines Augenblickes.

In den Händen des Kantors erglänzte der mit Wein gefüllte silberne *Kiddusch*. Wiederum ertönten die Worte »*Le chajim*«, das Leben, und »Amen«, so sei es. Der Fremdling, welcher dem Gottesdienst am achten Tage des Feiertages Pessach in der Altneusynagoge beigewohnt hatte, beendete das Gebet, schloß gleich den andern das Buch mit den hebräischen Texten, küßte es, reichte allen Umstehenden freundschaftlich die Hand und verließ still die al-tnaj-Synagoge.

Draußen neigte sich der Tag dem Ende zu. Der Fremde schritt durch die Gassen des einstigen Ghettos, gleichsam berauscht von der warmen Welle, die aus dem Moldautal in die Altstadt quoll. Ruhig und unauffällig ging er seines Wegs, und niemand wußte, auch er selbst nicht, wer in ihm dem Gottesdienst des achten Abends Pessach beigewohnt hatte.

Aber jemand mußte es doch begriffen haben.

Es war der gebildete New Yorker Chassid, der durch die Welt wanderte und sich just zu diesem Augenblick hier eingefunden hatte. Zehn Jahre zuvor war sein Leben völlig zerrüttet gewesen. Er hatte

Frau und Kind verlassen, seine Studien abgebrochen, weder auf den Vater noch auf den Onkel gehört und sich auf eine an Narrheit grenzende Wanderschaft begeben. Im ehemaligen Amsterdamer Ghetto der Diamantenschleifer suchte er die Spuren des Bilderstürmers Spinoza, fand aber nur das Andenken an seine Ahnen; er ging ins spanische Leon, um sich dem Geist eines der geheimnisvollsten Denker der Kabbala zu nähern, fand jedoch in dieser Stadt nicht einmal die Spuren des einstigen Gebetshauses; er durchzog die Provence und stieß dort auf die Spuren der impressionistischen Maler, die auf ihren Bildern erstmals das Licht so zu zerlegen wußten, daß es glänzte wie die Sonnenstrahlen, doch er fand keine Spuren jener unterdrückten Glaubensgenossen, die hier einst von übersinnlichen Welten und den symbolischen Zahlen der mittelalterlichen Hoffnung, der Kabbala, geträumt hatten.

Und im Rheinland, in Mainz, Speyer und Worms, wo einst die berühmten Denkerfamilien der Kalonymiden gelebt hatten, fand er nur die Betonwüsten moderner Städte vor. Dann lenkte er seine Schritte nach Prag, in der Hoffnung, hier — vielleicht als erster auf der Welt? — echte Spuren des Golems zu finden. Überreste der tönernen Lehmfigur, die gemäß der Überlieferung auf Geheiß ihres Schöpfers, des Hohen Rabbis Jehuda Löw, für immer auf dem Dachboden der Altneusynagoge ruhen sollte.

In Prag erregte sein Vorhaben keine sonderliche Begeisterung. Schon der bekannte Prager Rabbiner und berühmte Halachist Ezechiel Landau hatte sich seinerzeit vergeblich bemüht, unter dem Dach der Altneusynagoge Reste von Löws tönernem Diener zu finden.

»Haben Sie denn nie vom ›rasenden Reporter‹, von Egon Erwin Kisch, gehört, der als gebürtiger Prager diesen Spuren vergeblich nachging?« fragte ihn warnend der alte Vorsteher der jüdischen Kultusgemeinde, der Rosch ha-kahal, bei dem er die Gastfreundschaft des Sabbats genoß, obwohl er dessen Haus lange nach dem Erscheinen des ersten Sabbatsterns erreichte. Vor dem Rosch ha-kahal stand ein junger, offenbar vom Schicksal gejagter, hinkender armer Teufel in schäbigem Gewand, der sich auf einen Stock stützte, weil er sich vor einiger Zeit das Bein gebrochen hatte. Er blieb drei Tage im Hause des Vorstehers. Dann durfte er über die Brandklammern an der Ost-

173

seite der Altneusynagoge zur Bodentür hinaufklettern, doch er fand trotz langen Suchens im Halbdunkel des Dachbodens nichts als Taubenmist und den Staub mehrerer Jahrhunderte.

Er knüpfte in Prag auch Freundschaft mit mehreren zur Frömmigkeit neigenden Menschen, die ihm den Weg aus der Zerfahrenheit seiner Jugend wiesen. Damals warf er in die Tumba des Rabbi Löw einen Zettel mit dem Wunsch, es möge ihm vergönnt sein, einmal hierher zurückzukommen und wenigstens für die Dauer eines Augenblicks in der Nähe des berühmten Renaissance-Rabbis zu weilen, statt dem Diener, dem Golem, dessen Schöpfer zu begegnen.

Er entschloß sich, zu seinem Vater zurückzukehren, den Versuch zu machen, Frau und Kind wieder zu sich zu holen, und das abgebrochene Studium zu beenden. Ihm öffnete sich ein Weg in die Zukunft, er fand aus seiner seelischen Zerrüttung heraus.

Seinen Wunsch an Rabbi Löw schrieb er damals, halb an einen Grabstein neben dem Denkmal des Patriarchen gelehnt, halb auf seinen Stock gestützt. Es war an einem Wintertag, als die Sonne jäh durch die Wolken brach und den Friedhof mit ihren Strahlen vergoldete. Die Erinnerung an diesen Augenblick und seinen geschriebenen Wunsch bewog ihn zehn Jahre später zu der neuerlichen Reise.

Es waren wundersame Sekunden, in denen diesen frommen, kybernetisch gebildeten jungen Mann in der Altneusynagoge plötzlich das Bewußtsein durchdrang, daß er etwas Ersehntes, dennoch Unerwartetes und Aufwühlendes erlebte, daß ihn ein Funke durchzuckte, der ihn berauschte und ihm gleichzeitig tiefe Befriedigung brachte; in diesen Sekunden wußte er auch, in wessen Gegenwart er sich befand — sein einstmals in Löws Tumba eingeworfener Wunsch war in Erfüllung gegangen.

Die Spuren des Golems hatte er nicht gefunden, aber nun empfand er die Anwesenheit von dessen Schöpfer.

Eine magische Gestalt im magischen Prag.

Hätte er das nicht begriffen, wäre diese karge Sage vom Besuch des Hohen Rabbi Löw ben Bezalel am achten Abend des Feiertags Pessach im Jahre 5746 nie geschrieben worden.

Anmerkungen und Erklärungen

Akiba, ben Josef — Meistgeschätzter altertümlicher Exeget der jüdischen Religion vom Ende des 1. und Beginn des 2. Jahrhunderts. Hingerichtet von den Römern im Aufstand Bar Kochbas im Jahr 135.

Almenor — Podium in der Synagoge, auf dem die Lesungen aus der Bibel stattfinden.

Al-tnaj (hebr.) — »Unter der Bedingung«, das heißt »Einstweilige«; andere Bezeichnung der Altneusynagoge in Prag.

Anna Elohe Abraham O — Gott des Abraham.

Aristoteles (384—322 v. Chr.) — Neben seinem Lehrer Plato der größte griechische Philosoph, Begründer der formalen Logik.

Baal-Schem-Tow (Israel ben Elieser, ungef. 1700—1760) — »der große Rabbi Israel« der östlichen Chassidim.

Baldachin — Traghimmel, unter dem die jüdischen Hochzeiten stattfinden.

Barches (aus hebr.) — weißes Brot, über dem bei Sabbatbeginn der Segen gesprochen wird.

bat (hebr.) — Tochter

ben (hebr.) — Sohn

Beth Chajim (hebr.) — wörtlich Garten des Lebens: Friedhof.

B'rith Milah (hebr.) — rituelle Beschneidung.

Chasside (auch Chassidim, aus hebr.) — »Fromme«: Volkstümlich-mystische Bewegung, im 18. Jahrhundert in der Ukraine entstanden.

Chuppe (aus hebr.) — s. Baldachin

Daniel — einer der vier jüdischen Propheten, Held des gleichnamigen Buches.

Diaspora (griech.) — Zerstreuung der Juden in die Welt nach der Vernichtung des Tempels in Jerusalem durch die Römer. Auch: Exil der Juden.

Domini canes (lat.) — »Hunde des Herren«, Wortspiel mit dem Namen des mächtigen, strengen Mönchsordens.

En-Sof (hebr.) — das Unbegrenzte.

Epikojres (jiddisch) — aus Epikureer, Genußmensch. Anhänger Epikurs, griech. Philosoph (341—270). Hier: Abtrünniger.

Esther — s. Megille

Et Kol Hatla (hebr.) — Was ist geschehen?

Fünf Bücher Mosis — Pentateuch; Thora, Lehre.

Gans David (1542—1613) — Rabbiner, Astronom, Historiker.

Gaon (hebr.) — Ehrentitel für besonders verehrte Rabbis.

Gehenna (aus hebr.) — Hölle (der Diaspora).

Gemara (hebr.) — wörtlich Lehre. Gleichbedeutend mit Talmud.

Halachist — Kenner des gesetzlich normativen Teils des Talmud »Halacha«.

Jehuda ha-Levi (Hallevi Juda ben Salomo, 1085—1141) — berühmtester jüdischer Dichter des Mittelalters.

Jeschiwa (hebr.) — hohe Talmudschule.

Jom Kippur (hebr.) — Tag der Versöhnung, Tag der Sühne; strenger Buß- und Fasttag im Herbst.

Kabbala (hebr.) — wörtlich das Empfangen, die Überlieferung. Seit dem 13. Jahrhundert Bezeichnung für die jüdische Mystik.

Kadisch (hebr.) — Totengebet, den Allmächtigen besingend.

Karo Joseph (1488—1575) — Autor des Kompendiums des Ritualgesetzes »Bereiteter Tisch«, Schulchan Aruch.

Kiddusch (hebr.) — Weinpokal, beim Gebet benützt.

Klaus — Klaus-Synagoge in Prag.

Kohanim (hebr.) — Priester

Leviten (aus hebr.) — Hilfspriester

Maharal mi-Prag (Abkürzung, aus hebr.) — Ehrenname Jehuda Löws: »Unser großer Lehrer aus Prag«.

Maimonides (Mose ben Maimon, 1135—1204) — hervorragender religiöser Denker des Judentums, Begründer des Aristotelismus auch für die christliche Scholastik.

Makkabäer — Familie des Juda Makkabäus, eines jüdischen Helden, der zur Zeit der Seleukidenherrschaft den geschändeten Tempel neu einweihte (167 v. Chr.).

Marranen (spanisch) — Schweine. Im 16. Jahrhundert Benennung der Juden in Spanien, die nur aus Angst vor der Inquisition das Christentum annahmen. Gruppen von Marranen kehrten nach Jahrzehnten und sogar Jahrhunderten zum Judentum zurück.

Masel und Broche (aus hebr.) — Glück und Segen; Segensspruch.

Maskir (hebr.) — Teil der Gebetsordnung zur Erinnerung an die Toten.

Megille (aus hebr.) — Rolle; gemeint ist die Pergamentrolle, aus welcher beim Purimfest über die Errettung der Juden vor der Vernichtung durch den persischen Minister Haman gelesen wird.

Mene Tekel (aramäisch?) — »Mené, Mene Tekel u-Pharsin«, geheimnisvolles, warnendes Zeichen. »Gezählt, gewogen und zu leicht befunden.« Sage vom letzten biblischen König von Babylon, Belsazar (wahrscheinlich 555—539 v. Chr.). Gewöhnlich als Warnung benützt.

Meschumed (aus hebr.) — Täufling.

Minjan — Mindestzahl von zehn gebetfähigen Männern, die zum Synagogengebet unbedingt nötig sind.

Mischna (hebr.) — s. Talmud

Morenu ha-Raw (hebr.) — Unser großer Lehrer.

Nechmad We-naim (hebr.) — »Liebes und Angenehmes«: Arbeit von David Gans (1542—1613) über Astronomie, erst 1743 veröffentlicht.

Or chodesch (hebr.) — »Das neue Licht«.

Pajtanim (hebr.) — Dichter

Pejes (jiddisch) — Schläfenlocken der orthodoxen Juden.

Pentateuch (Thora, hebr. Lehre) — fünf Bücher Mosis.

Pessach (hebr.) — Pascha: Feiertag im Frühling zur Erinnerung an die Befreiung der Juden aus der ägyptischen Knechtschaft.

Purim (hebr.) — wörtl. Lose. Erinnerungsfest; vgl. Megille.

Raschi (Salomo ben Isaak, 1040—1104) — Troyes/Worms. Berühmtester Exeget der Bibel und des Talmuds seiner Zeit.

Raw (hebr.) — urspr. gewaltig, mächtig, großer Herr, Meister. Seit der frühen Talmudepoche Ehrentitel für führende religiöse Gelehrte.

Reb (hebr.) — ehrende Anrede für angesehene Mitbürger.

Reuchlin Johannes (1455—1522) — Hervorragender deutscher Jurist und Humanist, Autor vor allem humanistischer und hebraistischer Bücher.

Rischut (hebr.) — wörtl. »Bosheit, Schlechtigkeit«. Haß, d. h. Antisemitismus.

Rossi Asarja Dei (auch Bonajuto genannt, 1514—1578) — italienischer jüdischer Schriftsteller.

Sabbat (aus hebr.) — Siebenter Tag der Woche. Ruhetag mit strengen Vorschriften über die Vermeidung der Arbeit. Samstag.

Schames (aus hebr.) — Synagogendiener

Schem (hebr.) — Name, Zeichen

Schiwe-Sitzen (aus hebr.) — Sieben Tage wird zum Zeichen der Trauer über den Tod eines nahen Verwandten barfuß oder nur in Strümpfen auf einem niederen Schemel gesessen.

Schul — eigentlich Schule: Lehr- und Bethaus, Synagoge.

Seder (hebr.) — wörtlich Ordnung. Erster und zweiter Festabend des Feiertages Pessach, an welchem die Tafel bei den häuslichen Mahlzeiten nach ganz bestimmten rituellen Vorschriften gedeckt wird.

Simchath Torah (hebr.) — Wenn die jährlichen Wochenabschnitte der Thora im Herbst zu Ende gelesen sind, wird dieses Thora-Fest in der Synagoge auch mit Freudentänzen der Männer gefeiert.

Sippurim (hebr.) — »Erzählungen«: Sammlung der Prager Sagen, herausgegeben in der Mitte des 19. Jahrhunderts.

Sukkot (hebr.) — Laubhüttenfest im späten Herbst, eine Erinnerung an die Zeltexistenz der nomadisierenden jüdischen Vorfahren.

Synagoge (griech.) — zunächst Gemeinde, dann Versammlungsort für die Gemeinde, Bethaus; Synagogen gab es erst nach der Zerstörung des Tempels in Jerusalem.

Tallith (hebr.) — auch Talith, Talles und Tallis: viereckiges, dem Schal ähnliches Gebetsgewand.

Talmud (hebr.) — wörtlich Belehrung, Lehre. Bezeichnung eines Kompendiums von Ergänzungen verschiedenster Art zum mosaischen Gesetz, die zunächst mündlich überliefert, ab 200 v. Chr. schriftlich niedergelegt wurden und ca. 500 n. Chr. abgeschlossen waren. Gesetze der nachbiblischen Zeit sind unter dem Namen *Mischna* zusammengefaßt. Es gibt einen Babylonischen und einen Jerusalemer Talmud. Beide bauen auf der Mischna auf. Der Talmud ist weitgehend aus Debatten der Gelehrten hervorgegangen, die er in der exakten ursprünglichen Form festhält. Er setzt sich zusammen aus Interpretationen der Bibel, deren Gesetze und Vorschriften er der veränderten Gegenwart anzupassen sucht, und aus volkstümlichen Sagen und Erzählungen.

Thora (aus hebr.) — wörtlich Lehre. Fünf Bücher Mosis. Übertragen: religiöses Schrifttum.

Zaddik (hebr.) — Gerechter, Heiliger. Bezeichnung für sehr fromme Menschen, auch chassidische Wunderrabbis.

Teilweise nach dem Glossar aus Salcia Landmann: »Der jüdische Witz«, Walter-Verlag, Olten 1968.

Gerhard Botz

»Volkszorn absolut unnötig!«

Machtübernahme und Nationalsozialismus
in Wien 1938/39

3. veränderte Auflage

Wie der Nationalsozialismus in jener Stadt, in der Hitler seine »Lehr-
jahre« verbracht hatte, an die Macht kam und sein Regime festigte, war
lange Zeit ein Tabu der österreichischen Geschichte. Der Terror der SS
und der Zugriff der »Reichsdeutschen« stießen hier nicht nur auf die
eifrige Mitarbeit einheimischer Nazis, sondern auch auf eine rebel-
lische Kleinbürgerbewegung, die zwischen Begeisterungsstürmen und
Judenpogrom hin und her gerissen wurde.

Gerhard Botz / Ivar Oxaal / Michael Pollak (Hg.)

Eine zerstörte Kultur

Jüdisches Leben und Antisemitismus
in Wien seit dem 19. Jahrhundert

Widersprüchlichkeit prägte wie keine andere europäische Stadt das
Erscheinungsbild Wiens um 1900: Durchbruch der Moderne, Freud,
Mahler, Schnitzler; ästhetischer Rausch des Fin-de-siècle und Ent-
stehungsort des politischen Zionismus, aber auch Brutstätte des Antisemitismus und weltanschauliche Schule Hitlers. Die 16 Beiträge dieses
Buches behandeln die gesellschaftliche Position der Wiener Juden, die
Ursachen ihrer intellektuellen Kreativität und ihre Konfrontation mit
den vielfältigen Formen des Judenhasses. Die Austreibung und Vernichtung des Wiener Judentums im Dritten Reich hat dennoch kein
Verschwinden des Antisemitismus bewirkt, so daß die wenigen Juden
in Wien auch heute noch damit konfrontiert werden. Zum erstenmal
stellt so dieses Buch das soziale und geistige Leben der Wiener Juden
in der feindlichen Umwelt des Antisemitismus vom ausgehenden
19. Jahrhundert bis in die Gegenwart dar.